QUEBRE AS REGRAS
REINVENTE

QUEBRE AS REGRAS

REINVENTE

SETH GODIN

Tradução
Ana Carolina Bento Ribeiro

AGIR

Título original: *Poke the Box*

Editora Nova Fronteira Participações S.A.
Rua Nova Jerusalém, 345 – Bonsucesso – 21042-235
Rio de Janeiro – RJ – Brasil
Tel.: (21) 3882-8200 – Fax: (21) 3882-8212/8313
www.novafronteira.com.br

Texto revisto pelo novo Acordo Ortográfico.

CIP-BRASIL. CATALOGAÇÃO NA FONTE.
SINDICATO NACIONAL DOS EDITORES DE LIVROS, RJ.

G529s Godin, Seth
Quebre as regras e reinvente : qual foi a última vez que você fez algo pela primeira vez? / Seth Godin ; [tradução Ana Carolina Bento Ribeiro]. - Rio de Janeiro : Nova Fronteira, 2012.
120p. : 21 cm

Tradução de: Poke the Box
ISBN 978-85-220-1309-8

1. Marketing. 2. Liderança. 3. Sucesso nos negócios. 4. Mudança organizacional. I. Título.

CDD: 658.8
CDU: 658.8

O *trabalho não é chegar ao* status quo;

o trabalho é inventar o status quo.

O iniciador

Annie Downs trabalha no Mocha Club, uma organização sem fins lucrativos que arrecada dinheiro para países em desenvolvimento por meio do trabalho com músicos em turnê, baseada em Nashville, nos Estados Unidos.

Ano passado, ela ligou para seu chefe e disse algo que jamais dissera: "Tive uma ideia e vou começar a trabalhar nela amanhã. Não vai tomar muito tempo nem custar muito dinheiro; acho que vai funcionar."

Com essas duas frases, Annie mudou sua vida. E mudou sua organização e as pessoas para quem ela contribui.

Você provavelmente está se perguntando que ideia foi essa. Deve até estar curioso para saber de onde ela foi tirada.

Essa é a pergunta errada.

A mudança foi na postura de Annie, que, pela primeira vez naquele emprego, não esperou por instruções, por listas do que fazer, ou reagiu às tarefas que lhe delegaram. *Ela não "recebeu" a iniciativa, ela a tomou.*

Annie mudou de patamar naquele dia. Ela se tornou alguém que começa algo, alguém que inicia e que está preparado para falhar no meio do caminho, caso isso possa ajudar a fazer a diferença.

Sua vez

Imagine um mundo sem mediadores, editores, chefes, colegas de recursos humanos, ninguém dizendo o que você não pode fazer.

Se vivesse em um mundo assim, o que você faria?

Vamos lá. Faça isso.

***

Na China, há uma fábrica que faz as mesmas peças que a sua — por um décimo do preço.

Descendo a rua, há um restaurante copiando seu menu e sua carta de vinhos, mas cobrando 20% menos que você.

O último agente de viagens saiu de cena. Os editores de revistas deixaram seu crescimento para os blogueiros. A Wikipédia não teve de apelar à autoridade de uma *Encyclopædia Britannica*; colaboradores simplesmente apareceram e fizeram o trabalho. Os funcionários da *Britannica* apenas assistiram.

Intermediários, secretários e investidores nunca foram tão pouco importantes. Ano passado, 67 novos negócios na internet foram fundados em São Francisco e em Nova York pelo valor equivalente ao que se gasta para fundar um terço disso no Vale do Silício.

Assim sendo, se dinheiro, acesso e poder organizacional não são as bases da economia conectada, então, o que é?

Iniciativa.

Este é um manifesto pelo começo

Começar um projeto, botar para quebrar, buscar o que parece arriscado.

Não só dizer que "estou começando a pensar naquilo", ou "vamos nos encontrar no dia tal", ou "preenchi um pedido de patente" etc.

Nada disso. Começar.

Passar do ponto em que não há volta.

Dar o salto.

Comprometer-se.

Fazer algo acontecer.

O sétimo imperativo

O primeiro imperativo é estar consciente — consciente do mercado, das oportunidades, de quem você é.

O segundo imperativo é ter uma boa educação para poder entender o que há a sua volta.

O terceiro imperativo é estar conectado e, assim, ganhar confiança quando se comprometer.

O quarto imperativo é ser consistente, para que o sistema saiba o que esperar.

O quinto imperativo é construir um patrimônio, para que você tenha algo a vender.

O sexto imperativo é ser produtivo, para que você ganhe valor.

Mas você pode fazer tudo isso e mesmo assim fracassar. Um emprego não basta. Uma fábrica não basta. Um comércio não basta. Antigamente era assim, mas não é mais.

O mundo está mudando rápido demais. Sem a chama da iniciativa, você não tem outra escolha a não ser reagir ao mundo. Sem a capacidade de instigar e experimentar, você está parado, à deriva, esperando ser levado.

Posso encontrar milhares de livros e milhões de registros sobre os seis primeiros imperativos. Eles foram impregnados em você em vários momentos na escola, e muitas universidades e chefes adoram ajudá-lo com eles. Mas, quando a questão é o sétimo imperativo, parece que você está sozinho.

O sétimo imperativo é assustador e, por isso, fácil passar despercebido ou ser ignorado: ter força, coragem e paixão para começar.

A diferença de ir

Uma coisa simples que separa pessoas bem-sucedidas daquelas que padecem é a mesma que separa organizações que crescem e entusiasmam daquelas que ficam estagnadas e morrem.

Os vencedores transformaram a iniciativa em paixão e prática. Vá em frente, faça uma lista. Uma lista de pessoas e organizações que admira. Meu palpite é de que é o sétimo imperativo o que as destaca.

Na verdade, o desafio não é aperfeiçoar sua capacidade de saber quando começar e quando esperar. O desafio é criar o hábito de começar.

Craig Ventner e o dr. Frankenstein

O homem que sequenciou o genoma humano descobriu como usar um computador para configurar completamente o código genético de um organismo. Ele e sua equipe podem misturar os genes quase tão facilmente quanto você digita um texto no Word.

E, mesmo assim...

Mesmo quando a sequência do código é gerada e transformada em matéria orgânica, é apenas uma placa de Petri. Não está viva.

A força motriz — a chama que lhe dá vida — está faltando. Ventner ainda precisa inserir algum tecido orgânico, algo vivo, para transformar o projeto em mais que uma massa de genes inerte.

Surpreendentemente, é bem aí que está sua oportunidade.

Não é para você comprar uma placa de Petri e um monte de matéria orgânica. Nada disso, a oportunidade é maior que isso. É ver que em toda a sua volta estão plataformas, oportunidades e organizações inteiras que virão à vida se você for determinado e corajoso o suficiente para contribuir com a iniciativa que está faltando.

A caixa de luz e som

Quando meu primo nasceu, meu tio, que tem doutorado no Massachussets Institute of Technology (MIT), construiu uma caixa de luz e som. Era um objeto pesado de metal, com um fio grosso e preto que ficava plugado na parede. Parecia algo de uma usina nuclear, não um brinquedo infantil, mas isso não o dissuadiu de enfiá-lo no berço.

A caixa tinha dois interruptores, algumas luzes e outros controles. *Aperte um interruptor, e uma luz acende. Aperte os dois, e uma sirene soa.* Aterrorizante, é claro, a não ser que você seja uma criança.

Uma criança vê uma caixa dessas e começa a mexer nela. *Se eu fizer isso, aquilo acontece!*

Os matemáticos chamam isso de função. Ponha uma variável e receba um resultado. Ação e reação.

A vida é como a caixa do meu tio. Mexa nela.

Os elementos da produção

Aqui está o que é preciso para fazer acontecer:

- ➔ Uma ideia.
- ➔ Pessoas para trabalhar nela.
- ➔ Um lugar para construí-la ou organizá-la.
- ➔ Matérias-primas.
- ➔ Distribuição.
- ➔ Dinheiro.
- ➔ Marketing.

Esses são os elementos básicos que os economistas já entenderam há muito tempo. Vá a qualquer faculdade de administração do país, e você poderá ter aulas sobre qualquer um desses elementos. Vá a Wall Street, em Nova York, e encontrará toda uma indústria dedicada a apenas um deles.

Todo esse trabalho será um desperdício se mesmo o menos compreendido (mas mais essencial) dos elementos faltar. Se ninguém disser "vai", o projeto perecerá. Se ninguém insistir, estimular, criar, persuadir e lançar, não haverá nada: tudo será desperdiçado.

Minha tese: todos os outros elementos estão mais baratos e fáceis de encontrar do que nunca. É isso o que torna a força motriz tão importante.

Construímos a maior máquina econômica da história. Todas as ferramentas estão aqui, mais baratas do que nunca. O mercado está esperando, o capital está esperando, as fábricas estão esperando e, sim, até as lojas estão esperando.

Estão esperando que alguém diga: "Vai."

Caminhando em círculos

O dr. Jan Souman, do Max Planck Institute for Biological Cybernetics, estudou o que acontece conosco quando não temos mapa, bússola ou nenhuma forma de determinar marcos de orientação. Não estou usando uma metáfora — ele pesquisou o que acontece com pessoas perdidas em florestas ou vagando pelo Saara, sem estrela Polar ou Cruzeiro do Sul, e sem sol poente para guiá-los.

O que acontece é que andamos em círculos. Mesmo que tentemos andar numa linha reta para sair da floresta ou do deserto, acabamos voltando para onde havíamos começado. Nossos instintos não são o suficiente. Nas palavras do dr. Souman: "Não confie em seus sentidos, pois, mesmo quando você pensa que está andando em linha reta, pode não estar."

A natureza humana diz que precisamos de um mapa. Se você tiver coragem suficiente para desenhar um, as pessoas o seguirão.

Quem diz "sim"?

O que você faz aqui?

Essa é uma pergunta que faço frequentemente a pessoas que trabalham em organizações. É interessante ouvir as pessoas descreverem seus papéis, seus empregos, seus conjuntos de tarefas. Algumas delas limitam a si mesmas, dizendo: "Publico o certificado de segurança toda quinta." Outras, no entanto, respondem de forma grandiosa: "Sou o responsável pela nossa cultura."

Quase ninguém diz: "Começo o processo."

Isso é impressionante, se você parar para pensar. Se não há ninguém começando o processo, de onde vêm as inovações? Não as ideias, há muitas delas; mas o começo. Se tudo o que nos falta é a chama da vida, a força motriz, por que ela é tão negligenciada?

Quem é encarregado do começo? Quantos "nãos" temos de superar antes de chegar a um "sim"? Claramente, há um cara encarregado da fábrica, ou da força das vendas, ou do dinheiro. Mas quem está encarregado do "sim"?

Quebre as regras e reinvente

Como os programas de computador aprendem sua função? Há um processo passo a passo que garante que tudo vai dar certo?

Todos os grandes programadores aprendem da mesma forma. Eles quebram as regras. Eles inventam um código e veem o que o computador faz. Eles mudam o código e veem o que o computador faz. E repetem o processo várias vezes até entenderem como funciona.

As regras podem ser um computador ou um mercado, um cliente, ou até seu chefe. É um quebra-cabeça que só pode ser montado de uma forma: sendo mexido.

E o que acontece quando você faz *isso*? E quando você faz *aquilo*? As regras revelam-se quando você as quebra e, conforme você fica melhor nisso, não só se torna mais inteligente como ganha propriedade. Propriedade não tem a ver com equidade nem com controle. Propriedade vem da compreensão e do poder de fazer as coisas acontecerem.

Doug Rushkoff e Mark Fraunfelder escreveram sobre essa nova vontade de dar o controle aos objetos e organizações da sua vida. Quando aceitamos cega e voluntariamente aquilo que nos é dado, perdemos todo o poder. Apenas mexendo, testando, modificando e compreendendo podemos realmente ter alguma coisa e exercer influência.

Ninguém terá influência, controle ou confiança no próprio trabalho até entender como começar mudanças e prever como as regras reagirão.

O que você pode começar?

Grandes empreendedores são vistos com interesse todos os dias. Ouvimos seus nomes infinitas vezes — pessoas (demasiadas vezes, homens) que começaram um negócio, uma organização, uma revolução. Bom para eles. Mas você não precisa ser Bill Gates para ser um iniciador.

As pessoas chegaram à conclusão equivocada de que, se não quiserem começar algo individual, que possa mudar o mundo ou ser arriscado, não devem começar coisa alguma. De certa forma, enganamo-nos acreditando que o projeto precisa ter um nome, uma sede ou ações na bolsa para ser importante.

Na verdade, pessoas envolvidas em organizações estão perfeitamente situadas para começar algo. A terceira pessoa na hierarquia de quatro do setor de serviço ao consumidor pode fazer isso. A recepcionista pode fazer isso. O assistente do capataz pode fazer isso.

A chama de que estou falando é simples de descrever, mas fácil de evitar.

Há uma pessoa lutando para segurar uma bandeja enquanto cruza a cafeteria de um hospital? Você pode se levantar, ir até ela e ajudá-la. Não é sua função, e pode até ser que a pessoa não goste, mas você pode fazer isso.

Existe uma forma mais adequada de atender ao telefone quando os consumidores ligam com raiva? Você pode tentar alcançá-la e ensinar aos outros.

Há um rangido barulhento que incomoda todos na sala? Você pode trazer um pouco de óleo e resolver o problema.

Isso é tão óbvio que dói ter de escrevê-lo.

Mas, se é tão óbvio, por que ninguém faz isso?

Quando você pode começar?

Agora é melhor que daqui a pouco.

Tipos de capital

O que você pode investir? O que sua empresa pode investir?

- ➔ Capital financeiro — Dinheiro no banco que pode ser utilizado em um projeto ou investimento.
- ➔ Capital de redes — Pessoas que você conhece, conexões que você pode fazer, compradores e sistemas que você pode acionar.
- ➔ Capital intelectual — Inteligência. Programas de computador. Acesso a pessoas com ideias originais.

- Capital físico — Fábrica, maquinário, ferramentas, caminhões.
- Capital de prestígio — Sua reputação.
- Capital de instigação — O desejo de seguir em frente. A capacidade e a coragem de dizer "sim".

Pense em como prestígio, redes e acesso ao capital nos seduzem. A maioria dos roteiristas preferiria ter seu filme produzido por um grande estúdio de Hollywood a tê-lo produzido por um diretor independente. Há uma pilha maior de currículos de designers de carros na GM do que na desconhecida fabricante *Aptera*. O mercado responde ao poder que vem com o capital.

É claro que meu tipo de capital preferido é o último. E, no fim das contas, esse é o capital mais importante de nossa nova economia.

Duplicar e duplicar

Em uma cidade pequena como aquela em que vivíamos, a inovação pode enganar a competição durante muito tempo. O mercado é pouco populoso, as empresas ficam paralisadas pelo medo, e você pode contar, feliz e contente, com uma vantagem durante meses ou anos. Para um negócio, duplicar seu ritmo, duplicar sua parcela do mercado ou duplicar sua inovação é suficiente para lucrar durante toda uma geração.

No mundo do Google, entretanto, o universo de concorrentes e concorrentes potenciais é grande demais para contar — é basicamente infinito. Em um mundo em que as notícias viajam instantaneamente e a última novidade é visível para todos, a vida útil de uma ideia original ou inovação é cada vez mais curta.

Duplicar não é o suficiente. Inovar e colher os frutos não é uma estratégia de longo prazo. A única maneira defensável de continuar na luta é duplicar e duplicar de novo. É inovar a maneira de inovar, começar o caminho para começar mais uma vez.

Não é uma questão de rapidez, como a caricatura de um operário em uma linha de produção de uma fábrica de doces, enfiando bombons em caixas, na boca ou no uniforme o mais rápido que pode, lutando para manter o ritmo. É uma rapidez maior na forma de ciclos menores, em maior atenção às mudanças. É uma obsessão em mudar o *status quo* simplesmente para ver o que acontece.

Acabamos sem objetivos quando não nos importamos muito com o rumo que estamos tomando ou tentamos esconder e imitar nossas contribuições. Estou estimulando o oposto disso — estimulando "objetivos", se quiser interpretar assim.

Fluxo é a mesma coisa que risco?

O fluxo é algo que flui. Podemos medir o fluxo de calor ou de uma mudança molecular. As coisas estão em movimento.

O risco envolve ganhar e perder. Colocamos em jogo algo que pode valer a pena (ou não).

Não há risco em colocar um cubo de gelo em uma xícara de chá quente. O calor move-se da água para o gelo; há um fluxo... movimento.

Para alguns, o risco é algo ruim, pois traz a possibilidade de fracasso. Pode ser apenas um fracasso temporário, mas não importa muito se a simples ideia disso o bloqueia. Para certas pessoas, risco é igual a fracasso (corra riscos e, cedo ou tarde, você irá fracassar). O risco é evitado, pois fomos treinados a evitar o fracasso. Descrevo a ansiedade como a antecipação do fracasso... E, se iniciar um projeto deixa-o ansioso, certamente você associa risco a fracasso.

Com o tempo, as pessoas também começaram a confundir fluxo e risco. Concluímos que, se as coisas estão fluindo, se há movimento, então certamente há risco.

Aqueles que temem o risco também começam a temer qualquer tipo de movimento. As pessoas agem como se o fluxo — o movimento de pessoas, ideias ou qualquer outra coisa imprevisível — nos expusesse ao risco, e o risco nos expusesse ao fracasso. Morrendo de medo, tentam evitar colisões, então tentam evitar o movimento.

Essas pessoas cometem dois erros. Primeiro, assumiram que o risco é algo ruim; segundo, confundiram risco e fluxo, chegando à conclusão de que movimento também é algo ruim.

Não me surpreende descobrir que muitas dessas pessoas estão estagnadas. Estagnadas com o *status quo*, estagnadas defendendo sua posição no mercado, estagnadas com a educação que tiveram, sem vontade de ter mais. Estão estagnadas, pois estão com medo de assistir a algo novo na TV, com medo de ler algo novo no seu *e-book*, com medo de fazer uma pergunta difícil.

Nada disso poderia ser relevante, exceto que agora o mundo todo está em fluxo. Se o seu projeto não tem movimento, então, comparado ao resto do mundo, você está dando passos para trás. Como uma pedra em um rio que flui, você pode estar parado, mas, devido ao movimento ao seu redor, colisões são inevitáveis.

A ironia para a pessoa que prefere a falta de movimento é que há muito menos turbulência ao redor de um tronco flutuando com a correnteza desse mesmo rio. Ele está em movimento, está mudando; mas, comparado ao rio em volta, está relativamente calmo.

A economia requer fluxo. O fluxo não é arriscado. É para ele que estamos aqui. Felizmente, o fluxo também é algo para o qual nós nascemos.

O rastro do fracasso

"Isso vai acabar em choro" era o alerta que minha mãe costumava usar quando via uma situação de conflito entre mim e minhas irmãs, uma situação cercada de mau comportamento entre irmãos.

É dessa forma que algumas pessoas pensam a respeito de uma carreira construída com base na iniciativa.

A maioria das coisas quebra. A maioria das ideias fracassa. A maioria das iniciativas não é bem-sucedida. E, se você for a pessoa por trás dela, se for o cara que sempre começa algo que fracassa, parece que você está condenado.

Afinal, nossa sociedade adora falar sobre um fracasso. (E nem tanto sobre uma vitória. A vitória parece pedantismo. Mas a falsa solidariedade da conversa sobre um fracasso é bem-vinda.) Assista a um jogo de futebol, escute a análise de uma campanha eleitoral ou leia a reportagem de uma revista sobre um negócio fracassado — para nós, é fácil jogar na cara, encontrar a culpa, criticar alegremente as coisas que deram errado.

Eu preciso convencê-lo de que evitar o fracasso é contraproducente.

Primeiro, façamos uma lista de pessoas que construíram uma carreira ao começar algo (e assim, muitas vezes, fracassaram): Harlan Ellison, Steve Carrell, Oprah Winfrey, Richard Wright, Mark Cuban, Mehmet Oz, George Orwell, Michael Bloomberg, Nan Talese, Gloria Steinem e por aí vai. Não precisei fazer pesquisa nenhuma para formar essa lista; simplesmente escrevi o nome de um monte de pessoas famosas, respeitadas e bem-sucedidas.

Oprah teve programas de TV, projetos e previsões que não deram certo. Ela começa algo todos os dias, às vezes várias vezes por dia, e tem uma lista enorme de coisas que não funcionaram. Mas ninguém se lembra dessa lista porque o mercado (e nossa sociedade) respeita muito o trabalho que ela fez e deu certo. Mehmet Oz perdeu pacientes. Mark Cuban apoiou negócios fracassados. Quanto mais você faz, mais você fracassa.

Em segundo lugar, vamos pensar em que tipo de fracasso estamos falando. Não é o fracasso da falta de respeito, ou o atalho que não deveria ter sido tomado, ou o trabalho malfeito de alguém que não está nem aí. Estamos falando do fracasso de pessoas com boas intenções, pessoas que procuram conexão, alegria e a capacidade de fazer a diferença.

Ninguém está sugerindo que você faça correndo o seu trabalho em uma usina nuclear ou pule de atividade em atividade, em vez de estudar para o vestibular. O trabalho duro sempre estará presente. O tipo de iniciativa de que estou falando é difícil porque é importante, assustador e novo.

Se você assinar um contrato com a iniciativa e for fiel a ele enquanto outros enlouquecem com "qualidade" e "previsão", no fim das contas você será bem-sucedido. A multidão não vai deixar de se preocupar, pois gosta disso. Mas tudo bem, pois você fará a diferença e usará seu poder para fazer cada vez mais um trabalho que importe.

A epidemia

Tantas pessoas estão congeladas diante da incerteza e paralisadas com a ideia de fazer um trabalho que importe que se pode pensar que o medo está impregnado em nós.

E está.

Os cientistas podem localizar com precisão onde está seu cérebro primitivo. Esse é seu cérebro pré-histórico, o mesmo de um lagarto ou de um veado. Recheado de medo, voltado para a reprodução.

Steve Pressfield dá um nome à voz desse cérebro: ele a chama de resistência. E a resistência fala com você enquanto lê este livro, pedindo que se comprometa, que não cause problemas, que evite movimentos bruscos.

Para muitos de nós, a resistência está sempre nos sufocando, frequentemente sabotando nossas melhores oportunidades e arruinando nossas chances de fazer um ótimo trabalho. Dar um nome a essa voz ajuda a tratá-la amigavelmente. E tratá-la assim ajuda a ignorá-la.

A primeira regra para fazer um trabalho que importa

Trabalhe regularmente.

Arte é difícil. Vender é difícil. Escrever é difícil. Fazer a diferença é difícil.

Quando você está trabalhando duro, sendo rejeitado, fracassando, dando um jeito, é idiota decidir se é hora de um cochilo, um dia de folga ou um cafezinho.

Zig Ziglar me ensinou isso vinte anos atrás. Faça seu planejamento antes de começar. Não deixe que contratempos, bloqueios ou ansiedade o façam dizer: “Ei, talvez eu possa checar meu e-mail um instante ou, quem sabe, tirar um cochilo.” Se você fizer isso, seu cérebro primitivo logo será treinado a usar essa escapatória mais e mais vezes.

Isaac Asimov escreveu e publicou mais de quatrocentos livros digitando de seis da manhã até meio-dia, todos os dias, durante quarenta anos.

Nos primeiros cinco anos de meu negócio próprio e individual, quando a luta parecia não ter fim, nunca perdi um dia, nunca tirei um cochilo. (Também me comprometi a terminar o dia em um determinado horário e a não trabalhar nos fins de semana. É uma via de mão dupla.)

Em suma: esteja presente.

Cochilos.google.com

O que separa os últimos cinco anos do Google daqueles de quase todos os começos bem-sucedidos? Compare-os aos do eBay, do Yahoo!, do Netscape ou do About.com.

É simples: depois que seu negócio inovador inicial provou-se bem-sucedido, o Google ignorou Wall Street. Em vez de apenas maximizar o apelo de sua primeira aposta, eles continuaram a investir (algumas pessoas dizem investir demais, mas elas estão erradas) em novas ferramentas, novos projetos e novas formas de as pessoas conectarem-se e interagirem.

A maioria das iniciativas falha. Tudo bem. Pelo menos o Google não está cochilando.

Seu ego e seu projeto

Em algum momento, "ego" tornou-se uma palavra ruim. Mas não é.

Quando nosso nome está em um projeto, nosso ego nos dá um impulso e nos leva a fazer um trabalho ainda melhor. O ego nos leva a procurar aceitação, fazer a diferença, colocar as cartas na mesa. Se o ego não fosse a chave da motivação do processo, então todo trabalho criativo e generoso permaneceria anônimo.

Tudo bem. Deixe o ego estimulá-lo a ser um iniciador.

Mas diga a seu ego que a melhor forma de completar algo é deixar outras pessoas levarem crédito. A verdadeira vitória para você (e seu ego) é ver algo ser lançado, e não levar o crédito quando isso acontece.

Redefinindo qualidade

"Bom o bastante" costumava ser a definição de qualidade. Seu produto ou serviço tinha de ser bom o bastante para ser considerado.

Então aconteceu a revolução da qualidade, e o mercado passou a defini-la como "sem defeitos".

Quase tudo que é oferecido — um carro, um iPad ou uma apólice de seguro — faz exatamente o que deveria fazer. Você gira a chave ou abre a caixa, e a coisa funciona. Sempre.

As coisas funcionam com tanta frequência que, hoje, ficamos chocados quando uma bateria morre, um carro recebe um *recall* ou encontramos um erro em um livro.

A maioria de nossos concorrentes também não tem defeitos — o que significa que a qualidade não é mais tão interessante. Nós a requeremos, mas não precisamos mais procurá-la. Se vocês têm qualidade, e isso é tudo o que têm a oferecer, estão vendendo uma mercadoria, e ela vai ser barata.

Não temos muita escolha, a não ser superar a qualidade e procurar o que se destaca, o conectado, o novo.

E o que se destaca, como você já percebeu, requer iniciativa.

Lavagem cerebral do chefe malvado

Fábricas precisam de trabalhadores confiáveis. Cassinos precisam de crupiês que façam exatamente o que lhes é dito. A Nasa precisa de astronautas que não questionem ordens em uma missão de rotina. Minas de carvão precisam de mineiros que sigam todas as instruções, todos os dias.

Em um determinado momento, os donos de fábrica tiveram de fazer uma escolha. Eles sabiam que os trabalhadores utilizariam sua capacidade de julgamento da melhor forma, que entenderiam as coisas para fazê-las melhor, ou que poderiam simplesmente eliminar a iniciativa individual e, em vez disso, trocar o benefício das melhorias pela certeza da obediência.

Você adivinhou: muitos escolheram a obediência.

O lado ruim dessa escolha agora está tornando-se óbvio. Fábricas de todo tipo encontram-se estagnadas, incapazes não apenas de inovar, mas até de melhorar. As fábricas de automóveis de Detroit exigiram tanto de seus trabalhadores que o sindicato finalmente disse: "Tudo bem, faremos apenas o mínimo." E o mercado de massa recompensou empresas alimentícias medíocres com tanta frequência que elas decidiram assumir a inércia.

O problema é: você não pode piorar seu estado de inércia. Você não pode crescer tornando-se mais previsível e comum. Você pode ter um produto confiável, previsível e barato, mas, se o mercado quiser algo melhor, você estará estagnado ao tentar alcançá-lo.

Por que isso é medíocre?

Adoramos apontar as falhas dos nossos sistemas. Gostamos de ficar zangados com hotéis, serviços públicos ou companhias aéreas que estão obviamente fazendo um péssimo trabalho. Idiotas!

Porém, quase nunca olhamos para produtos medíocres e questionamos por que não são bons. Serviços e produtos medíocres fazem o que devem, mas estabeleceram um nível tão baixo que dificilmente vale a pena gastar energia atravessando a rua para comprá-los. Uma similaridade genérica está engendrada nessa mediocridade.

Por que toda refeição em um restaurante não possui uma ótima relação custo/benefício? Por que o dinheiro que gastamos em impostos não é gasto com a intensidade e o foco que deveria? Parece que estamos dispostos a aceitar o medíocre se o produto, o serviço ou a organização não for *totalmente* ruim.

Dar um jeito de consertar o que não funciona não é um problema. O lado bom (e o desafio) para você é encontrar energia e vontade para enfrentar o medíocre.

Em caso de dúvida...

Procure o medo. Ele é quase sempre a fonte de sua dúvida.

Onde foi parar o curioso

Se você visitar o site Penguin Magic, verá vídeos e mais vídeos impressionantes de leitura de mentes, metais sendo entortados e sapatos sendo magicamente amarrados. Nos vídeos, os mágicos estão na rua, apresentando-se para os passantes. Ilusionismo benfeito provoca uma gritaria. O público não consegue acreditar. É um milagre! É o diabo! E aí vem a curiosidade: "Como você fez isso?"

De vez em quando, farei um truque ou usarei um atalho técnico, e alguém me perguntará como fiz aquilo. As pessoas foram doutrinadas tão completamente por seus trabalhos que não querem saber como algo funciona; estão dispostas a aceitar que talvez as leis da natureza não funcionem como o esperado. Aliás, pode me passar o controle remoto?

A iniciativa parece um pouco com a criatividade, na medida em que ambas requerem curiosidade. Não é tanto a procura pela resposta "certa", mas um desejo insaciável de entender como algo funciona e pode funcionar melhor.

A diferença é que a pessoa criativa fica satisfeita assim que vê como se faz. O iniciador não descansará até fazê-lo.

Me escolhe! Me escolhe!

A incansável lavagem cerebral de nossa economia industrial cambaleante criou um novo e caro mal-entendido. Pessoas criativas ou aquelas com algo a dizer acreditam que têm de esperar para ser escolhidas.

Autores de livros, por exemplo, esperam ser escolhidos por um agente, e depois por um editor. Então vão agitar as coisas para que sejam escolhidos pelas grandes livrarias, para que alcancem os leitores que, finalmente, lerão seus livros. Seja escolhido pela Oprah, e tudo acontecerá sozinho.

Empreendedores muitas vezes encontram-se esperando para ser escolhidos por um investidor. Eles precisam dessa seleção para validar seu trabalho e de fato começar a construir um negócio.

Funcionários esperam ser escolhidos para uma promoção, ou para falar durante uma reunião, ou para liderá-la.

"Me escolhe! Me escolhe!" é uma atitude que reconhece o poder do sistema e passa a outra pessoa a responsabilidade de iniciar. Ou melhor, é uma atitude que passa a culpa de você para os outros.

Se você não for escolhido, a culpa é deles, e não sua.

Se você for escolhido, então eles disseram que você é bom, certo? Não é mais culpa sua.

Rejeite a tirania da escolha. Escolha você mesmo.

O promotor e o organizador

Minha amiga Jessica quer ser uma organizadora de conferências. Você pode contratá-la, e ela se empenhará para cuidar de cada detalhe do seu evento. Dê-lhe a lista de participantes, o local e a agenda, e a conferência ocorrerá sem deslize algum.

O problema desse plano é que ele envolve ser escolhido pelo promotor do evento. Se ela for escolhida com frequência, ótimo. Se conseguir negociar uma boa data de pagamento, ótimo. Mas Jessica tem de tirar o chapéu para o promotor.

O promotor, por sua vez, possui todo o poder. Ele inicia a conferência. Suas habilidades são muito próximas das do organizador, mas ele, na verdade, contrata o organizador. O promotor escolhe, não espera ser escolhido.

Então, por que não ser o promotor, o iniciador, aquele que é encarregado e responsável?

Com o passar dos anos, Jerry Weintraub ganhou mais de cem milhões de dólares como promotor, resistindo à tentação de se sentar e simplesmente reagir às ofertas. Ele iniciou projetos em vez de vendê-los.

Empreendedorismo é só um caso especial

É fácil chegar à conclusão de que alguém que inicia e quer desafiar o *status quo* é automaticamente um empreendedor, que essa é uma prática reservada ao chefe.

Nós nos asseguramos de que, como demos as rédeas ao chefe ou fundador, é função deles mexer, não nossa.

Na verdade, enquanto empreendedores iniciam, também fazem algo completamente diferente: usam o dinheiro (que muitas vezes pertence a outra pessoa) para construir um negócio rentável que é maior que eles mesmos. O objetivo do empreendedor é construir uma entidade que possa crescer e persistir assim que for posta em movimento. E essa é uma perspectiva fabulosa, que requer muita coragem e iniciativa.

O empreendedorismo é um caso especial não apenas porque requer iniciativa (todos nós precisamos colocá-la em jogo, agora), mas também porque envolve o uso de dinheiro, pessoas e patrimônio para criar uma entidade nova e maior.

No entanto, não cometa o erro de acreditar que todos os outros ficaram com um trabalho repetitivo. Empreendedores inteligentes entendem que uma organização duradoura precisa de mais uma pessoa criando mudanças. Órgãos sem fins lucrativos e até do governo descobriram que a melhor maneira de persistir em um mundo que está mudando é mudar, e isso só acontece quando alguém quer quebrar as regras e ver o que funciona.

O passe livre

Estações de esqui costumam vender passes livres para esquiar o ano todo pelo preço de uma semana de teleféricos. As pessoas que compraram esses passes perceberam que é mais fácil (e barato) decidir apenas uma vez a ter de escolher várias vezes durante a temporada.

Iniciar é assim. Em vez de iniciar *ad eternum*, preocupando-se a cada vez, pedindo permissão a cada vez, vendendo a cada vez, por que não comprar o passe para toda a temporada? Por que não vender a seu chefe e a seus colegas a ideia de que você é um iniciador? É seu trabalho. Você começa as coisas. Pergunte uma vez, faça várias.

Sem almoço grátis

É claro que o desafio de ser um iniciador é que você estará errado. Você escolherá a coisa errada, desperdiçará tempo, levará a culpa.

É por isso que ser um iniciador é valioso.

A maioria das pessoas afasta-se de desafios. Elas sofreram demais, têm medo demais, seguram-se e ficam felizes em passar a batata quente para outra pessoa.

A iniciativa é rara.

Por isso é valiosa.

Cavar valas não é algo raro. Não é difícil achar trabalhos braçais que paguem um salário mínimo, e é exatamente por isso que com esse tipo de trabalho ganha-se um salário mínimo.

É extremamente difícil encontrar pessoas diferentes querendo começar projetos úteis. Porque, às vezes, o que você inicia não funciona. O fato de que não funciona sempre deve lhe dar confiança, pois significa que você está fazendo algo que assusta os outros.

Entre nessa, covarde

Uma forma de começar todos os dias com sua equipe é fazer todos se envolverem. Forme um círculo e deixe as pessoas se atualizarem e contribuírem. Não é um exercício bobo ajudar as pessoas a falar e a comunicar, promovendo um avanço.

Outra maneira provavelmente melhor é deixar cada membro da equipe dizer do que tem medo. Na verdade, dois tipos de medo. De coisas que possam fracassar e de coisas que possam funcionar.

O que você é? Covarde?

Sim, somos covardes. Temos medo. O lagarto em nosso cérebro primitivo nos segura com suas garras.

Então, diga-nos: o que você teme que possa acontecer que destruiria, desintegraria, dissuadiria e nos puxaria para baixo? E o que você teme que possa funcionar, mudando tudo e abrindo áreas de medo totalmente novas?

O cérebro primitivo não entende a economia de quebrar as regras

A fórmula é simples:

Quando o custo de quebrar as regras (mnc) é menor que o custo de não fazer nada (0), então você deve mexer! [mnc<0 – > mexer]

Se você administra uma gigante e bilionária fábrica de aço, não acho que deva fechá-la por um mês para testar uma nova tecnologia que nunca foi testada.

Quando você está escrevendo um roteiro, por outro lado, o custo da inovação é muito menor que o custo de ser chato. Porque o chato, apesar de, às vezes, aleatória e milagrosamente ser vendido, quase sempre fracassa.

O custo de estar errado é menor que o custo de não fazer nada.

O mesmo vale para quase qualquer inovação em vendas, marketing, recursos humanos, softwares ou administração. E também para qualquer integração que você possa ter com um vendedor, cliente ou colega de trabalho. E é o que a maioria de nós faz na maior parte do tempo. E não é administrar uma fábrica de aço.

A economia conectada de ideias requer que contribuamos com iniciativa. E ainda assim podemos resistir, pois nosso cérebro primitivo, aquele que vive com medo, exagera sem parar o custo de estar errado.

Aperfeiçoe!

O celular dele vibra toda hora.

Aparentemente, meu amigo configurou seu telefone para vibrar cada vez que alguém que ele segue no Twitter posta alguma coisa. Isso lhe dá a oportunidade de ler e responder, tornando-o presumivelmente um seguidor valioso. Ele espera que aperfeiçoar seus relacionamentos dessa maneira seja uma forma de estabelecer contatos, tornando-o mais integrado nas vidas dos que usam o Twitter e também em seus negócios.

Tudo é aperfeiçoamento.

Fique em um ponto de ônibus e você verá isso acontecer. Dezenas de pessoas ostensivamente ocupadas olhando para seus telefones e mexendo incansavelmente os dedos, aperfeiçoando seus relacionamentos.

O desafio é que isso não segue uma lógica fácil. Aperfeiçoar duas vezes mais não torna as coisas duas vezes melhores. Fazer isso dez vezes também não melhora dez vezes as coisas. Quando você está polindo — aperfeiçoa — um móvel ou uma ideia, os benefícios diminuem rapidamente. O polimento transforma-se em um estado crítico.

Eu me pergunto o que aconteceria se, em vez de correr para o Twitter, meu amigo usasse aquele sinal vibratório para fazer algo original, provocador ou importante. E se aquilo lhe lembrasse não de aperfeiçoar, mas de criar.

O imperativo de Semmelweis

Mexer com sucesso também requer tato. Você está tentando mudar as coisas, não fazer com que as pessoas recuem por raiva ou medo de você estar mexendo.

Ignaz Semmelweis foi um físico que trabalhou na Hungria no século XIX. Sua ideia era a de que a má higiene dos médicos, particularmente a falta do hábito de lavar as mãos, era a causa de um número significativo de doenças e mortes. Apesar de ter dedicado a vida à difusão dessa novidade, ele morreu como um fracassado, sem popularidade.

Em um livro publicado em 1861, Semmelweis disse: "A maioria das salas de aula de medicina continua a ressoar com palestras sobre epidemias de septicemia e discursos contra minhas teorias... Em 1854, em Viena, o berço de minha teoria, quatrocentos pacientes de maternidades morreram de septicemia."

Por quê? Se os resultados de sua simples intervenção eram tão importantes, por que médicos e estabelecimentos hospitalares o rejeitaram completamente?

Por duas razões. A primeira é que ele nunca trabalhou para explicar a ciência. Sem um porquê, sem uma explicação, era difícil dar a suas ideias o impulso necessário para elas se espalharem.

Em segundo lugar, como relatou Atul Gawande no livro *Better*, Semmelweis era um idiota. Impressionado com sua ideia, ele nunca se preocupou em persuadir ou mesmo em ser paciente. Ele escreveu para um médico: "Você, professor, tem sido um aliado deste massacre."

Para outro: "Declaro perante Deus e o mundo que você é um assassino."

Mexa, mas seja esperto. Depois da ideia inicial, por uma razão qualquer, Semmelweis parou de trabalhar para fazer a diferença no mundo. Em vez de se esforçar para fazer o que dava certo, ele se retirou e nunca teve o impacto que poderia ter tido.

Bem-vindo ao Projeto Mundo

Você vive no Projeto Mundo há tanto tempo que provavelmente esqueceu que, durante muito tempo, projetos não importaram tanto.

A fábrica de automóveis Ford mudou o mundo com uma inovação que durou mais tempo do que qualquer funcionário da empresa. O modelo "T" saiu da linha de montagem durante dezenove anos. A Ford vendeu mais de quinze milhões de carros. As pessoas que estavam lá quando o modelo foi lançado provavelmente não eram as mesmas que faziam os carros quando o projeto cessou. É claro que houve um projeto para o carro ser lançado, mas o real trabalho da Ford foi produzir muitos daquele modelo, e lucrar cada vez mais. O projeto de lançamento foi um mal necessário, mas a produção em larga escala era seu negócio.

Considere as empresas que você encontrou, das quais você comprou ou para as quais trabalhou. A maioria delas (se existem há mais de uma ou duas décadas) baseia-se nesse modelo de escala. O *sistema é o sistema, não brinque com ele.*

Agora pense em empresas mais novas, que estão crescendo e causando impacto. Pense na Apple, no Google, na equipe do diretor de *Avatar*, James Cameron, na Ideo, na Pixar, na Electronic Arts. Essas são organizações centradas em projetos. Cada uma delas consiste em grupos de pessoas comprometidas que lançam projetos.

Sem projeto não há organização. Descansar não é uma opção, pois projetos não duram para sempre. As pessoas continuam, a postura persiste, mas projetos precisam de renovação. Depois que um projeto é lançado, não há trabalho útil até que alguém comece um novo.

Enquanto as organizações começavam a se focar em projetos, fizeram uma descoberta inquietante: o começo é mais difícil do que parece.

Como inventar, escolher, insistir ou abandonar ideias, selecionar e prever o futuro de um projeto — tudo isso é difícil.

E tudo começa com um iniciador, aquele que começa coisas.

O sistema fordista morreu, viva o sistema fordista!

Henry Ford entendeu que a produtividade era o segredo do sucesso de mercado. Faça carros com mais eficiência e você poderá vendê-los muito mais barato. Carros mais baratos venderão mais que outros mais caros e de qualidade similar.

Então ele aperfeiçoou o sistema de fabricação com base na obediência, em partes intercambiáveis e com pessoas intercambiáveis.

O sistema não pode mais crescer. Ele mudou-se para o exterior (não só o dos carros, mas para muitas coisas que compramos) e, mesmo em fábricas de baixo custo pelo mundo, as empresas estão descobrindo que não podem baixar custos infinitamente.

Assim, o novo sistema, abraçado pela nova Ford e por tantas outras empresas, usa a plataforma de negócios estável e produtiva que desenvolvemos para produzir *coisas*, e continua a construir *projetos* nessa plataforma. O novo sistema não consome petróleo ou eletricidade em uma linha de montagem, ele é alimentado pela inovação. Chame-o de linha de projeto.

O velho sistema não funciona sem o novo. E o novo sistema depende de seres humanos imprevisíveis que adicionem ideias não planejadas.

O que aconteceu com a excelência?

Tom Peters mudou tudo quando decidiu dedicar sua vida à divulgação de suas ideias no livro *Em busca da excelência*. Em 25 anos, ele viajou milhões de quilômetros e deu milhares de palestras.

Posso ver a frustração em seus olhos quando ele está no palco. Enquanto milhões de pessoas abraçaram o pensamento por trás de seu trabalho, muitas outras ainda estão esperando que ele diga exatamente o que elas devem fazer. Elas não entendem que excelência não é uma questão de trabalhar ainda mais arduamente para fazer o que lhes disseram. É uma questão de tomar a iniciativa para fazer o trabalho que você acha que vale a pena.

Esse é um jorro revolucionário de estudos do tempo e do movimento, de funcionários, burocracias e chefes. Não é um novo sabor de uma velha marca de sopa. É uma forma pessoal, urgente, de fazer seu trabalho, de criar a sua vez.

Pare de esperar por um mapa. Recompensamos aqueles que traçam mapas, não aqueles que os seguem.

Desenvolvimento de negócios

Muitas empresas possuem uma equipe de desenvolvimento de negócios. Não é exatamente marketing, nem é exatamente vendas. Esses são os caras responsáveis pelos novos negócios, parcerias e ideias transformadoras. É essa equipe que acha um novo brinquedo para o McLanche Feliz ou uma nova forma de organizar as prateleiras do Starbucks.

A equipe de desenvolvimento de negócios não possui uma agenda fixa, não tem uma forma fácil de decidir o que virá adiante. Ela é encarregada de começar coisas novas.

A maioria das empresas precisa dessa capacidade, mas poucas a têm. Aquelas que a possuem, muitas vezes são péssimas nisso, pois ninguém na equipe tem a postura de um iniciador. Todos têm medo de mexer forte demais, medo de alcançar, levantar e criar o novo.

O que vem adiante?

Com que frequência nossos heróis ficam parados? É difícil imaginar Spock e Kirk aterrissando e relaxando durante um ou dois meses.

Ficar de bobeira não tem nada a ver com ir até onde ninguém nunca foi.

O que nos diferencia de qualquer outra criatura é que vamos a lugares, lugares aonde nunca fomos. Fazemos isso voluntariamente e com frequência. O que torna nosso trabalho e nossa vida interessantes é a descoberta, a surpresa, o risco da exploração. (Use aqui a trilha sonora da Inquisição Espanhola de Monty Python.)

A fábrica nos tirou esse impulso aventureiro. O imperativo econômico do último século foi evitar o risco, a mudança e, acima de tudo, a exploração e o novo. Uma fábrica eficiente teme a mudança, pois ela significa utilizar novas ferramentas, correr riscos e dar uma sacudida na produtividade. É claro que suportamos a mudança se formos obrigados e recebemos a mudança previsível do aumento de produtividade, mas, por favor, deixe-nos em paz quando a questão é a palavra "completa".

Evitar o risco funcionava antes, mas não funciona agora.

Agora, "o que vem adiante" é, na verdade, a força motora dos indivíduos para as organizações. Sempre para frente, sempre mais rápido.

Se vir algo, diga algo

Realmente precisamos desse slogan e da propaganda que o acompanha?

Vamos desconstruí-lo rapidamente:

Se vir algo (algo: um artigo perigoso, digamos, uma bomba ou um zumbi com uma faca, ou uma mala com raios saindo dela, ou asbestos saindo do teto da creche), diga algo (algo: pegue o telefone, chame a polícia, avise a um soldado camuflado).

Por que alguém hesitaria em denunciar um zumbi?

Porque fomos ensinados a nos calar e a abaixar a cabeça. Porque as autoridades não gostam muito de pragas ou mortos-vivos pela vizinhança. Então eles fazem com que falar seja desconfortável. Em muitas delegacias, o primeiro suspeito é aquele que gastou seu tempo telefonando.

Esse slogan é mais um exemplo da magnitude do instinto da sociedade de ignorar, em vez de agir.

Permitido (não permitido)

A maioria dos funcionários pode lhe dar uma longa lista de coisas que não são autorizados a fazer. Listas de coisas proibidas existem em escolas, em relacionamentos, em empregos. O parque perto de minha casa não permite a entrada de cães, não residentes ou festas de aniversário.

É interessante que a lista de coisas permitidas seja mais difícil de lembrar e escrever. Acho que temos medo de toda a liberdade que temos e do que se espera que façamos com essa liberdade.

É confortável viver com uma lista do que não é permitido. Nós nos lembramos dela, lutamos contra ela, mas finalmente gostamos dos limites que ela nos impõe. Quando surgem revoluções, quando a lista diminui muito, é surpreendente o tempo que levamos para entrar em ação. Um exemplo simples: quanto tempo você levou para utilizar o Twitter e os blogs depois que eles foram lançados? Antes deles, você não tinha uma forma barata, fácil, acessível de dizer ao mundo o que pensa. Não lhe era permitido.

Então passou a ser.

E mesmo assim a maioria das pessoas que usa essas ferramentas levou anos para entrar em ação e começar.

A morte do idealismo

Mais cedo ou mais tarde, muitos idealistas transformam-se em realistas desmotivados que equivocadamente acreditam que desistir é a mesma coisa que ser realista.

No início, os idealistas acreditam que fazer algo é muito melhor que não fazer nada. Eles entendem o sistema, o processo, a forma como tudo está montado para funcionar. Eles querem consertá-lo, mudá-lo ou, pelo menos, perturbá-lo.

Quando ganham mais poder, esses políticos, empreendedores ou ativistas parecem desistir exatamente daquilo que os levou àquela posição originalmente. As pessoas que defendem a aceitação do *status quo* são aquelas que, anos atrás, dispuseram-se a mudá-lo.

Para muitas pessoas, essa transformação pode ser evitada.

Quando a desilusão se instala, as pessoas param de mexer. Elas diminuem o passo, dissuadidas ou desmotivadas, e assim começam a aceitar o *status quo*. A ironia é que o ato de criar e lançar ideias notáveis é exatamente o que pode mudar o *status quo*. Gritar com o apresentador do telejornal nunca mudou nada. Grite por bastante tempo e você simplesmente vai acabar rouco.

A alternativa, incansável, é começar (e terminar) algo. Julie Taymor, Alice Water e Sarah Jones poderiam se sentar e se tornar um daqueles realistas desiludidos. Em vez disso, como todos aqueles que fazem a diferença, continuaram a mexer. É uma escolha.

Não diga ao Woodie

Minha cadela usa uma daquelas coleiras que são uma espécie de cerca invisível. Há um arame em volta do nosso pequeno jardim e, cada vez que ela chega perto, sua coleira soa. Se for um pouco mais adiante, ela leva um pequeno choque. (Acho que ela só tomou o choque uma vez.) A cadela associa o som ao choque e nunca ultrapassa a beirada.

Acontece que o arame quebrou um ano atrás, então o sistema não funciona. Mas agora Woodie associa o colar a esse comportamento e só sai do jardim se retirarmos a coleira.

A fronteira está na cabeça dela, não no sistema.

Eu me pergunto o que aconteceria...

Nada disso funciona sem curiosidade.

Pessoas com mentes voltadas para o sucesso não têm problema algum em seguir instruções que funcionam. Todos ficaríamos felizes em seguir um mapa se ele viesse com garantia.

Mas não há garantias. Não há mapas. Todos foram levados, e seu valor não é mais o mesmo, pois os concorrentes também têm mapas.

Em vez disso, a oportunidade está em seguir sua curiosidade. A curiosidade não é alérgica a falhas. Ela nos leva à casa mal-assombrada, porque a excitação está no inesperado, no que não é seguro.

A curiosidade pode nos levar ao caminho do lançamento, a trazer coisas ao mundo, a examiná-las, a refiná-las e a repetir o processo (de novo e de novo).

Três mil palestras Tecnologia, Entretenimento e Design (TED)

A primeira palestra TED apresentou gigantes da ciência e da literatura (e alguns políticos também). Não foi muito surpreendente quando a série de palestras tornou-se uma sensação da internet.

A parte fascinante veio depois, quando Chris Anderson e a equipe de TED convidaram pessoas do mundo inteiro para promover suas próprias versões de TED. Chamadas TEDx, elas são conferências administradas independentemente com palestrantes de toda linha de produção, a maioria com empregos tradicionais.

Três mil palestras depois, está bem claro que grandes ideias e conceitos perturbadores não funcionam apenas para pessoas que são pagas para pensar assim.

Na verdade, somos todos capazes de quebrar as regras. Em cada país e na maioria das indústrias, há pessoas apaixonadas que estão fazendo a diferença. Porque podem.

Se você tivesse a oportunidade de fazer uma palestra TED, sobre o que seria? O que você descobriu, o que você sabe, o que você pode ensinar? Você deveria fazer uma palestra TED. Mesmo se não fizer, deveria estar preparado para isso.

Essa é a oportunidade de abordar seu trabalho de uma forma que gere aprendizado e interações únicos e que valerão a pena ser compartilhados.

A alegria do errado

Na cidade de Seattle, você ainda pode encontrar o primeiro Starbucks. Mas há algo errado nisso. Não está muito certo, não é bem um Starbucks. O logotipo é diferente, a decoração é diferente.

Acontece que o Starbucks original não vendia café.

Eles vendiam grãos de café, folhas de chá e até ervas. Mas, a não ser por um gole ou uma amostra do café feito de certo grão (nada de expresso!), não havia xícaras de café.

O Starbucks estava errado. Jerry Baldwin, um dos fundadores da empresa, cometeu um erro. Ele achou que o negócio eram os grãos, não o café. Se dependesse da visão do futuro de Jerry, o Starbucks certamente teria sido um fracasso. Foi preciso Howard Schultz, uma viagem à Itália e uma obsessão por café expresso para transformar o Starbucks no Starbucks. E grande parte do crédito por isso vai para Howard.

E se o Starbucks "errado" nunca tivesse sido construído? E se Jerry e seus parceiros tivessem dito: "Bem, não temos certeza se esse negócio de grão vai funcionar, então não vamos fazer nada?" Sem Jerry Baldwin e sua ideia equivocada de uma loja de grãos de café, não haveria café gelado. Uma coisa levou a outra pelo caminho normal, que nunca é uma linha reta.

A primeira nave espacial *Enterprise* foi concebida por Matt Jefferies. Ela parecia o cruzamento de um disco de *frisbee* com um abridor de latas. Claramente errado.

Mas Matt tinha o desejo de lançar algo. Ele começou do jeito errado, revisou, melhorou e inovou, até que a nave se tornasse a *Enterprise* que conhecemos e amamos. Para mim, parece que a parte mais difícil foi a primeira, a errada.

Mexer não significa o certo. Significa ação.

O mundo é muito mais complicado do que parece

O Google acha a resposta certa para você, aparentemente, em uma pesquisa de duas palavras em doze bilhões de páginas.

Um blogueiro define exatamente o que fazer em três parágrafos.

Um livro ensina-lhe como atingir seus sonhos em treze passos.

O manual de políticas da empresa tem uma resposta para sua situação, e bastam alguns vice-presidentes para torná-la clara.

É o bastante para persuadi-lo de que todas as respostas estão aqui, e de que tudo o que precisamos de você é aquiescência.

Há duas forças agindo pela aceitação das respostas apresentadas. A primeira força é a era industrial, que nos obriga a fazer escolhas imediatas no trabalho, pois não há tempo para indecisões quando há máquinas, mercados e pessoas esperando.

A segunda força é a era digital, pois computadores gostam de combinações, decisões e "sim" ou "não". Eles não gostam do "talvez".

Iniciativa e começo não dizem respeito a nenhuma dessas coisas. Elas são uma questão de "vamos ver" e "tentar".

Se não há uma resposta certa clara, talvez você tenha de fazer algo novo. Algo novo é, muitas vezes, o caminho certo quando o mundo é complicado.

Hábito

"Eu não sei qual é o problema com as pessoas: elas não aprendem pelo entendimento, mas de outro jeito — pelo hábito ou algo assim. Seu conhecimento é tão frágil!"

– Richard Feynman

“Pode ser que isso não funcione”

Há algum problema em dizer essas palavras?

Seu trabalho é tão sério, sem falhas e urgente que cada coisinha que você faz, todos os dias, tem de funcionar?

A mudança é algo poderoso, mas sempre vem com o fracasso como companheiro. “Pode ser que isso não funcione” não é somente algo a ser tolerado, é também algo que você deve buscar.

Tentativa

Uma das primeiras recordações que tenho é a de ir ao circo com minha avó. Sentamos na escuridão do Madison Square Garden, com suas luzinhas balançando, e o apresentador entoou (ele não anunciou, ele entoou): “Senhoras e senhores, no centro do picadeiro, lá no trapézio, eles vão tentar um salto triplo...”

O modo como ele disse “tentar” fez com que todos pensássemos que aquilo poderia não funcionar. Tentar. Não era fazer. Não era mostrar. Não estávamos lá para ver acrobatas fazendo algo maravilhoso que já haviam feito centenas de vezes. Não, iríamos ver algo novo, algo arriscado, algo interessante.

Apenas em sistemas em que qualidade é um lugar-comum, nós nos importamos com tentativas. Não sei se o mestre Yoda estava certo quando disse: "Faça ou não faça, não há tentativa." Sim, há uma tentativa. Tentar é o oposto de esconder.

Tire a tampa

O que está implícito em toda a minha conversa sobre mexer é o seguinte: você já tem boas ideias, já tem algo a dizer, já possui um vívido diálogo interno sobre o que você poderia fazer e como isso pode melhorar as coisas.

Se não tem, se há apenas estagnação dentro de você, acho improvável que você tenha lido até aqui.

Dentro da maioria de nós, há um motor girando na posição "melhor". Temos um demônio em nossas cabeças, uma voz que muitas vezes começa com "e se...", e que então se desfaz, enojada com nossa falta de habilidade para realmente tentar, para mexer.

As razões para se esconder são claras, óbvias e estúpidas. A oportunidade que você tem é a de adotar uma nova prática, em que há baixos riscos, baixos custos, para descobrir o quanto você realmente é inteligente, intuitivo e generoso.

Começar implica (requer) terminar

Qual é a diferença entre carregar uma grande ideia, ser um criador de ideias, juntar ideias e começar algo?

Começar significa que você vai terminar. Se você não lançar a ideia, significa que você fracassou. Você não quebrou as regras se as regras não perceberam que foram quebradas.

Simplesmente começar sem terminar é só alardear, parar, ou seja, uma perda de tempo. Não tenho paciência com pessoas que acreditam que estão fazendo seu melhor mas escondem isso do mercado. Se você não lançar a ideia, na verdade não começou nada. Em algum momento, seu trabalho tem de cruzar com o mercado. Em algum momento, você precisa de uma resposta para saber se ele funcionou ou não. Caso contrário, não passa de um hobby.

Teorias não pertencem ao seu trabalho

Todos temos teorias, suspeitas e até fortes pressentimentos. Jogar com pressentimentos não é a mesma coisa que quebrar as regras.

Se você mantiver a ideia dentro de você, só a estará lançando hipoteticamente, testando o mercado conceitualmente, fazendo um protótipo do seu conceito.

Se você não termina, ela não conta como um começo. E, se você não começa, não mexerá.

Lançamento e medo

Em um ambiente que valoriza lançamentos, aquilo que faz as coisas acontecerem, fica muito mais difícil para as pessoas começarem alguma coisa. É por isso que as chances de que algo que você comece seja de fato terminado e atinja o mercado aumentarão drasticamente.

Uma coisa é se divertir em dar ideias inteligentes a alguém que nunca partirá para a ação, outra é dizer coisas a alguém que realmente tem um histórico de fazer algo a respeito. Os roteiristas do programa de humor

Saturday Night Live descobriram rapidamente que o que dizem na quarta-feira pode ser visto por dez milhões de pessoas alguns dias depois. Algumas pessoas reagem a isso falando menos, autocensurando-se e se segurando. E outras veem isso como a grande oportunidade de suas vidas.

Escrever este manifesto pode ser aterrador. Eu sei que ele será lido pelo menos por algumas pessoas. Se eu focar nisso — no fato de que serei visto, criticado, trabalhado, incompreendido, exposto e julgado —, estarei condenado a me segurar. O desafio é focar no trabalho, não no medo que surge ao fazê-lo.

Quando você melhora sua capacidade de lançar ideias, pode notar que sua capacidade de instigar começa a diminuir. Saber que sua ideia pode se transformar em algo é paralisante. Significa que suas noções e pressentimentos sofrerão maior autoavaliação. E, assim, a nova gerente diz a si mesma: "É melhor eu não contar para minha equipe que picles agora estão na moda como entrada, ou então eles entrarão para o cardápio em alguns dias — e, se não houver aceitação, o problema será só meu."

O iniciador como um estranho

A sociedade não é gentil com aqueles que não se adaptam. Nós os deixamos no ostracismo, os xingamos, os perturbamos.

Parte do doutrinamento que leva à conformidade vem da pressão social. A tirinha Dilbert nos lembra todos os dias de como as empresas trabalham duro para manter o *status quo*.

Organizações inteligentes descobriram como transformar o padrão — aquilo que se repete — em seu carro-chefe. Em empresas que mudam rapidamente, a melhor maneira de se adaptar, de se tornar um líder, alguém importante, é iniciar.

Em todos os empregos de que gostei, encontrei uma cultura em que a chama da iniciativa era valorizada. Infelizmente, muitos lugares estão parados na cultura da repetição.

Jim acha que sou maluco

Jim Walberg me mandou uma mensagem simpática, agradecendo-me pelas contribuições de minha cabeça maluca. Ele está usando um dos meus livros para tirar das cadeiras os membros de sua equipe, para que lancem suas ideias.

É claro que não sou mais maluco que você. Pelo menos, espero que não.

A única diferença é que tenho muita experiência em quebrar as regras, descobrindo que ideias ressoam e as lançando. Quanto mais você faz isso, mais você termina e menos maluco se sente.

Vencendo o concurso de Dia das Bruxas (agora *versus* depois)

Todos os anos, em minha cidade, há um evento familiar de que gostamos muito. Pais e filhos pequenos recebem um pouco de tinta e são desafiados a pintar o vidro da vitrine de uma loja. O melhor mural ganha um prêmio.

O jeito mais fácil de ganhar é dizer ao seu filho o que fazer e simplesmente enganar os juízes (e seu filho), fazendo-os acreditar que a pintura é trabalho de uma criança.

O jeito mais fácil de fazer seu filho perder é se sentar lá, sem dizer nada, sem pintar, esperando que ele pegue o pincel e pinte alguma coisa.

O jeito mais fácil pode ser o melhor plano a curto prazo, mas certamente não funciona a longo prazo.

A curto prazo, dar sua melhor cartada, seguir as instruções, recompensar quem já fez aquilo: tudo isso são ótimas formas de vencer. Mas, a longo prazo, você só terá ensinado o conformismo e punido a iniciativa.

Uma das razões pelas quais as empresas estagnam é que elas se concentram em seus jogadores de primeira linha por tanto tempo que perdem seu banco de reservas. Em um mundo que está mudando, um time sem um banco forte e uma visão fixa no jogo sempre acabará perdendo.

O garoto que causou uma algazarra

Crianças são iniciadoras. Elas criam situações. Elas começam algazarras. Todas elas.

Se não o modificarem, o iniciador que causa tumultos continuará a fazer isso, sempre. Ele não vai parar aos cinco, dez ou vinte anos. Iniciar está na essência do ser humano.

Mas somos modificados. Somos domados por pais, desprezados por colegas, repreendidos por professores, organizados por autoridades, e sofremos lavagens cerebrais constantemente para acabar com qualquer comportamento perturbador.

E assim fazemos (a maioria de nós): acabamos com isso.

Mas há aqueles que não são assim. Os problemáticos, iniciadores, instigadores, questionadores e inovadores ainda estão ocupados começando coisas, grandes e pequenas.

E bem na hora.

Enquanto a economia muda, grandes (e pequenas) organizações estão descobrindo que essa lavagem cerebral foi um grande erro. Você não pode se arrastar no caminho para a grandiosidade. Você não pode otimizar seu caminho para um crescimento surpreendente. Você não pode organizar seu caminho para a irrepreensibilidade.

Mas podemos eliminar os efeitos dessa lavagem enquanto ainda é tempo.

"A melhor coisa que já fiz"

Quarenta e seis anos atrás, Domenico DeMarco estava andando pela avenida "J", no bairro do Brooklyn, em Nova York. Ele disse que viu todo o tráfego de pedestres, todas as pessoas, e uma loja para alugar na esquina. Ele a alugou no ato e abriu uma pizzaria.

Todos os dias, desde então, é ele quem faz cada pizza, com as próprias mãos. Dom DeMarco lança sua arte, em mãos, diretamente às pessoas que apreciam seu trabalho. Ele vê cada pizza como um novo projeto, não como um artefato em uma linha de montagem. Alguns podem vê-lo como um simples artesão, alguém que faz pizza (devagar) por não muito dinheiro. Eu o vejo de uma forma muito diferente. Dom começa com os elementos mais simples de sua arte e os converte em uma conexão pessoal, centenas de vezes por dia.

O que seria da vida de Dom se ele tivesse passado mais tempo pensando, avaliando e estudando se sua vida de trabalhos manuais foi uma boa ideia?

Como você acabou nesse emprego?

Quase sempre que faço essa pergunta a alguém, a resposta é: "Bem, é uma história engraçada." E geralmente não é uma história engraçada.

Em vez disso, é uma história que sobrepõe algumas pausas improváveis com alguma iniciativa grosseira. As pessoas conseguem bons lugares porque se levantam e aparecem.

Annie Duke é uma ex-campeã mundial de pôquer. Ela já ganhou mais de quatro milhões de dólares jogando pôquer profissionalmente.

A pergunta interessante para fazer a alguém com esse tipo de trabalho é: como?

Uma pista: ninguém escolhe você.

Annie estava quebrada, morando no estado de Montana e tentando descobrir como fechar as contas do mês. Encorajada por seu irmão, ela foi a um jogo de pôquer. Sem licença, sem permissão, sem conexão alguma com o jogo. Acabou ganhando dois mil dólares.

Na maioria das carreiras dos candidatos a jogadores de pôquer, esse é o ponto em que o vencedor pega o dinheiro, vai para casa e volta ao trabalho. Não há uma carreira de verdade, pois não há persistência. Não há uma carreira, pois, assim que há uma grande perda, ela acaba. Isso não aconteceu com Annie Duke. Annie se dispôs a perder o bastante para se tornar boa. Ela abordou o desafio como uma profissional. Ela estudou, calculou e perdeu. Várias vezes.

Há um jeito melhor? Provavelmente não.

A pessoa que mais fracassa geralmente vence

Provavelmente vale a pena desenvolver isso um pouco.

Se você fracassar uma vez, e se for uma grande falha, você não fracassou o máximo. O jogo acabou, você é um fracassado, você foi pego, você foi preso. Mas você não fracassou o máximo.

Se você nunca falhar, ou você é muito sortudo ou nunca lançou nada.

Mas, se você foi suficientemente bem-sucedido para ter o privilégio de fracassar da próxima vez, então você está a caminho de uma série de fracassos. Fracasso, sucesso, fracasso, fracasso, fracasso, sucesso — você entendeu.

Fale com qualquer pessoa bem-sucedida. Ela ficará feliz em lhe contar sua série de fracassos.

Lancei uma gravadora e fracassei. Comecei um negócio de arrecadação de fundos baseado em lâmpadas e fracassei. Lancei o primeiro aquário em videocassete e fracassei. Publiquei vários livros e fracassei.

A parte em que venci? Aprendi com cada um desses fracassos.

Um bom malabarismo é uma questão de como você lança, não de como você pega

Por isso é tão difícil aprender a fazer malabarismo. Você é condicionado a pegar, a superar qualquer obstáculo que esteja no seu caminho para salvar a pátria, para não deixar a bola cair, custe o que custar.

Se você gastar seu tempo e energia e focar em como pegar, é inevitável que seus lançamentos sejam prejudicados. Você receberá várias reações positivas por suas pegadas, mas sempre ficará para trás, pois os lançamentos que fizer serão cada vez mais inúteis.

Paradoxalmente, se melhorar os lançamentos, as pegadas irão melhorar naturalmente.

No entanto, a única maneira de melhorar os lançamentos é lançando. Lance mal, lance de novo. Lance bem, lance de novo. Primeiro, fique bom em lançar.

Um paradoxo do sucesso

Pessoas sem credibilidade ou recursos raramente conseguem o poder de que precisam para trazer ao mundo suas ideias.

Pessoas com credibilidade e recursos estão tão ocupadas tentando mantê-los que falham em trazer suas ideias provocadoras ao mundo.

O maior desafio que qualquer organização de sucesso enfrenta é encontrar a coragem de arriscar esse sucesso para alcançar algo maravilhoso. E arriscar esse sucesso acaba se tornando a única maneira de fazer algo maravilhoso.

Deve ter sido um alívio para Bob Dylan ser vaiado no Newport Folk Festival. Pronto, passamos por isso. Agora é hora de fazer arte.

Que alívio deve ter sido para Elizabeth Gilbert quando seu livro seguinte, *Comprometida: uma história de amor*, não vendeu tão bem quanto *Comer, rezar, amar*. Pronto, passei por isso, agora posso escrever de novo.

Identificar a "síndrome" do segundo livro, o problema do segundo disco, o desafio das expectativas — e confrontar o chefe ou os acionistas com isso, escrevendo, falando a respeito e trabalhando incessantemente para destruí-lo — é a melhor maneira de voltar ao motivo que o levou a fazer o que quer que tenha feito inicialmente.

Como ir a pé até Cleveland

Lançar é um acontecimento. Há vida antes de você lançar, e então há o momento em que você lança. E aí há a vida depois de você lançar.

Começar não é assim. Começar algo não é um acontecimento, é uma série de acontecimentos.

Você decide ir andando até Cleveland. Então você dá um primeiro passo na direção certa. Isso é começar. Você passa o resto do dia caminhando em direção a Cleveland, um passo de cada vez, subindo e descendo os pés.

No fim do dia, trinta quilômetros depois, você para em um hotel.

E o que acontece no dia seguinte?

Ou você deixa seu projeto ou começa de novo, caminhando até Cleveland. Na verdade, cada passo é um novo começo. É claro que você está mais perto que ontem ou que semana passada, mas você ainda está indo em direção a Cleveland.

Continue começando até terminar.

O impulso da ciência

Em dois anos, uma pequena equipe de Palo Alto, na Califórnia, inventou a impressora a laser, a tela de alta resolução, o mouse, janelas on-screen e até o mecanismo que possibilitou todos os efeitos especiais no cinema. Tudo isso em 24 meses.

Havia algo na água dessa equipe?

Não exatamente.

O que eles tinham era a expectativa de iniciar. Você não podia se tornar uma estrela naquele lugar se não começasse algo audacioso.

É assim que todas as grandes ciências funcionam. Um indivíduo faz algo audacioso, algo que vai contra o *status quo*, seguindo uma jornada que parece ridícula à primeira vista.

O medo do errado

Não é surpreendente que hesitemos. Começar aumenta as chances de terminar errando.

Aqui está o pesadelo, e ele é bem vívido: O chefe encontra alguém que fez algo errado e então briga, corrige, humilha, demite essa pessoa.

Se você não estiver errado, isso não acontecerá.

Por outro lado, aqui está o outro cenário: O chefe acha alguém que não começou, que nunca começa, que sempre estuda, critica ou banca o advogado do diabo, e então briga/ corrige/ humilha/ demite essa pessoa.

Ah, desculpe-me por provocar você; isso nunca acontece.

A típica organização centrada em fábricas privilegia o "não errado" e não perde tempo ceifando aqueles que não iniciam.

Na economia de rede, a organização focada na inovação não tem outra escolha senão ficar obcecada por aqueles que não iniciam.

Hoje, não começar é muito, mas muito pior do que estar errado. Se você começar, tem a chance de evoluir e transformar o errado no certo. Mas, se não começar, não terá nenhuma chance.

Dez mil horas, trabalho duro e sucesso da noite para o dia

Pode ser que você tenha acabado de descobrir uma banda chamada Hollerado. Mas eles estão quebrando as regras há tempos. Aqui está a carta que enviaram para o blogueiro Bob Lefsetz (editei só um pouquinho):

> *Nós somos de uma cidadezinha de Ontario chamada Manotick. Estamos em turnê há quatro anos.*
>
> *Em nossa primeira turnê americana, ninguém queria nos colocar no programa. Então, em vez de programar shows, dirigíamos até o mais longe que conseguíamos de nossas casas no Canadá. Aparecíamos em lugares onde estava havendo um show e dizíamos a eles que estávamos a mil quilômetros de casa, que tínhamos um show marcado logo ao lado, mas que alguma coisa dera errado. "Vocês se importam se fizermos um show curtinho aqui hoje à noite?"* E FUNCIONAVA! *Fizemos vários shows desse jeito.*

Como raramente nos pagavam mais que algumas bebidas e pizza, precisávamos ganhar dinheiro para a gasolina. Tínhamos um laptop com as faixas do nosso CD *demo. Então compramos um gravador de* CDs *e alguns* CDs *virgens. Gravávamos centenas de demos no estacionamento e devolvíamos o gravador para a loja. Depois, colocávamos os* CDs *em saquinhos plásticos (daí o nome do nosso primeiro disco: "Disco no saco").*

Assim que tínhamos uma pilha de demos, íamos até o shopping mais próximo e montávamos nossa barraca (provavelmente a coisa mais sem-vergonha que já fizemos por nossa banda). Ficávamos lá durante horas, com discmen e CD, *pedindo a quem parasse para escutar e ver se queria comprar um* CD *num saco. Vendíamos discos por cinco dólares e conseguíamos 4,50 para a gasolina.*

Fizemos isso por dois anos. Tudo para evitar um trabalho de verdade, certo? Em fevereiro de 2009, lançamos nosso primeiro álbum de graça na internet.

No mesmo mês, inventamos a turnê "Residência". Pegamos o velho conceito de ser a banda residente de um bar em um determinado dia da semana e levamos às últimas consequências. Marcamos sete "residências" para o mês, uma para cada noite da semana. Todo domingo daquele frio mês de fevereiro tocamos na mesma boate de Boston; toda segunda no Piano's de Nova York; terças em Lacolle, Quebec; quartas em Hamilton, Ontário; quintas em Toronto; sextas em Ottawa e sábados em Montreal. Multiplique por quatro. Vinte e oito shows seguidos. Quase vinte mil quilômetros dirigindo no terrível inverno do Canadá em 28 dias.

Em fevereiro de 2010, montamos nosso próprio selo para lançar o "Disco no saco" nas lojas do Canadá. Mesmo que todos os distribuidores com quem falamos tenham nos dito que era impossível, finalmente convencemos um de que poderíamos literalmente empacotar um disco num saco plástico recheado de guloseimas. Até agora, vendemos dez mil cópias no Canadá. Sem o apoio de uma gravadora, nosso primeiro single, "Juliette", ficou no top 5 das rádios alternativas do Canadá.

As coisas começaram a funcionar no Canadá e logo conhecemos o sistema de financiamento de turnês do país. Ainda assim, quando nos deram dinheiro para tocar na China, pegamos a grana e fizemos o máximo que pudemos com ela. Nós a transformamos em uma turnê de três semanas pelas profundezas da China. Gravamos uma música em mandarim e lançamos na internet. Conseguimos voltar para outra turnê seis meses depois.

> *Sabemos tocar nossos instrumentos. Tocamos ao vivo e fazemos muito isso, centenas de shows por ano. Suamos. Atendemos a pedidos. Tocamos covers que não conhecemos. Tocamos para o público tanto quanto uns para os outros, porque sem ele ainda estaríamos em Manotick, trabalhando em empregos que odiávamos. Tocamos em qualquer lugar, em qualquer momento. É isso o que amamos mais que tudo.*
>
> *Somos quatro melhores amigos (dois dos caras são irmãos). Pretendemos fazer isso por um longo tempo. Queremos ter carreiras e catálogos dos quais possamos nos orgulhar. Pessoalmente, acho que a canção do clipe sobre o qual você falou não é nem de perto nossa melhor. Desde então, escrevemos muito mais e, como tudo, estamos ficando melhores com a prática.*

Meu ponto é o seguinte: quatro anos fazendo algo novo, vendo o que funciona e fazendo de novo. E de novo. O negócio da música é difícil, e esses caras estão trabalhando nele. Ao mesmo tempo, bandas normais ainda estão tocando num café na esquina e reclamando do quanto é difícil fazer uma gravadora descobri-las.

O mercado é obcecado pela novidade

Então faça uma. Estamos cansados das suas velharias.

Organizando pela alegria

Corporações tradicionais, particularmente negócios e serviços de larga escala, são organizadas para a eficiência. Ou constância. Mas não para a alegria.

Alegria vem da surpresa, da conexão, da humanidade, da transparência e do novo. Esses são conceitos estranhos em muitos lugares.

McDonald's, Hertz, Dell, entre outras, funcionam assim. Elas aparecem. Elas diminuem custos. Elas usam um cronômetro para medir a produção.

O problema dessa mentalidade é que, enquanto você se aproxima da eficiência máxima, não há muito espaço para melhorias. Fazer um McNuggets por 0,000001 centavo a menos não vai aumentar muito seus lucros.

Pior: a natureza desse trabalho é inerentemente rotineira. Se você temer pedidos especiais, se seus empregados tiverem trabalhos chatos, se tiver de colocar tudo em um manual, então as chances de impressionar alguém serão realmente muito baixas.

Essas organizações têm pessoas que tentarão consertar os problemas depois do fato, em vez de pessoas motivadas, ansiosas por aproveitar para fazê-lo no ato.

Parece que a alternativa é organizar para a alegria. Essas são as empresas que dão liberdade (e expectativas) às pessoas para criarem, conectarem e surpreenderem. Essas são organizações que abarcam pessoas que fazem a diferença, opondo-se à procura da violação de uma regra do manual do funcionário.

Não sei se estou sendo claro: o persistente ato de inventar, inovar e tomar a iniciativa é a melhor ferramenta de marketing.

Para ser realmente claro

Não estou encorajando-o a ser audacioso e correto. Não estou encorajando-o a achar maneiras de sempre iniciar ideias inteligentes, comprovadas e lucrativas.

Estou simplesmente encorajando-o a iniciar. Frequentemente. Para sempre. Seja aquele que inicia coisas.

Como fazer *versus* O que fazer

Muitas vezes recorremos a autores e especialistas em busca de instruções sobre o que fazer. Pensamos que, se simplesmente soubéssemos o que fazer, faríamos.

Não estou vendo uma carência de conhecimento do que fazer. Há muitas pessoas inteligentes e bem-treinadas em pequenas e grandes organizações que sabem exatamente o que fazer.

A carência é de pessoas que queiram fazer. Dar o salto. Ir até a beirada e começar. Aparentemente, muitos de nós esquecemos *como* fazer.

Não há "apenas" em "apenas faça"

O problema do slogan da Nike ("just do it", ou seja, "apenas faça") é que ele implica que tudo o que você tem de fazer para tomar a iniciativa é tomar a iniciativa — uma mera questão de vontade. Para alguns de nós pode até ser, mas para outros é preciso mais que isso.

Você não é um iniciador, porque não vendeu a ideia, não foi treinado para fazer isso e não foi recompensado com frequência suficiente para se habituar.

Agora que você sabe o que está em jogo, os próximos passos são com você.

As aventuras de Andre e Wally B

Em 1984, um cineasta chamado John Lasseter começou a trabalhar com uma nova ferramenta de animação virtual. O filme que ele fez, *As aventuras de Andre e Wally B*, foi um curta digital, originalmente desenvolvido para divertir seu filho pequeno.

O filme assustou seu filho. Não foi transformado em um longa-metragem. Também não deu dinheiro algum.

Começar foi um erro? O quanto ele fracassou?

John foi indicado a seis Oscar, ganhou dois e foi um dos homens-chave na evolução da Pixar, a produtora de cinema de maior sucesso de todos os tempos. Ninguém ainda chegou perto disso.

John começa coisas.

O espaço entre os quadrinhos

Em *Desvendando os quadrinhos*, Scott McCloud explica não apenas como funcionam as histórias em quadrinhos, mas também como funciona a vida.

O segredo dos quadrinhos não está no que você vê em cada quadro. É o pequeno cano, aquele espaço entre os quadros. Como o artista não desenha ali, o espaço fica para você. Ele puxa você para dentro. Você cria a narrativa enquanto a história avança.

Leia uns quadrinhos e verá. Vá lá, eu espero.

Uma coisa que a maioria dos quadrinistas evita é mostrar decisões. Eles mostram ação, é claro, e mostram resultados, mas não mostram (porque é difícil mostrar) o herói ou o vilão fazendo uma escolha.

E é essa ação entre quadrinhos que torna quebrar as regras um ato tão poderoso. Ação é fácil quando você tem um plano. No entanto, formular planos é uma habilidade rara e valiosa.

Por que o crescimento acontece cedo?

Robert Litan, do Brookings Institution, assinala que quase todo real crescimento de emprego ocorre nos primeiros cinco anos de fundação de uma empresa. Na verdade, isso faz sentido. Quando uma empresa atinge a estabilidade, geralmente ela começa a substituir funcionários, e não a inventar novos empregos.

No entanto, no início, ninguém sabe direito o que precisa ser feito. Não é um trabalho; é uma paixão, uma missão e um experimento. A equipe é misturada, confusa, poliniza ideias como louca, tentando sobreviver. Quando uma iniciativa começa a funcionar, a empresa toma essa direção. Ela continua cambaleando e iniciando até ficar grande o suficiente para relaxar. E aí para.

Empresas que continuam crescendo após cinco anos conseguem isso, pois abraçam a disciplina de quebrar as regras.

A coisa certa a fazer

Espero que possamos concordar que há uma obrigação moral em ser honesto, em tratar as pessoas com dignidade e respeito e em ajudar os necessitados.

Eu me pergunto se também há uma obrigação moral em começar.

Eu acredito que há. Acredito que, se você tem a plataforma e a habilidade de fazer a diferença, então o nível do "deve" é ultrapassado e chega-se ao do "tem de". Você tem de fazer a diferença, ou desperdiçará a oportunidade. Jogar fora uma oportunidade denigre sua capacidade de contribuir e, ainda pior, tira algo do resto de nós.

Quando você está comprometido com uma organização, relacionamento ou comunidade, começar é um dever seu com sua equipe. Iniciar. Ser aquele que faz as coisas acontecerem.

Fazer menos é roubar deles.

Se você esconder seu brilho, enterrar suas ideias, mantiver suas questões e ideias longe de sua equipe, irá machucá-la tanto quanto se tivesse roubado um laptop e o vendido no eBay.

Um almoço de negócios

Durante minha breve carreira no Yahoo!, comecei coisas. É da minha natureza; é a única coisa que sei como fazer.

Um dia, cerca de três semanas após minha chegada, organizei um almoço com cerca de uma dúzia de pessoas de outros departamentos para ter a chance de me conectar e desenvolver ideias.

Quando voltei do almoço, meu chefe disse que eu não deveria fazer mais aquilo. "Acalme-se", disse ele, instruindo-me a me sentar na minha baia e esperar instruções.

É possível que você tenha um chefe assim. Se tiver, recomendo duas coisas:

Ignore este livro (por enquanto).

Comece a procurar um novo trabalho. O mais rápido possível.

(Há um terceiro plano, que descreverei aqui, mas que você não deve levar a sério a não ser que esteja impaciente e seja corajoso e determinado a fazer a diferença: ignore seu chefe e continue começando coisas. Dá certo no final.)

Se sua empresa se recusar a começar, estiver tão ocupada colhendo que não se interessa em plantar, talvez seu investimento de tempo e esforço esteja no lugar errado.

A história registrou a gestão do meu chefe no Yahoo! como um fracasso a longo prazo. E fui (pelo menos naquele dia) um fracasso como funcionário por não ver o mundo como ele. O fracasso é um acontecimento, com raras exceções, não fatal. O processo de começar, regularmente, e de procurar oportunidades para fazê-lo com mais frequência nunca é um fracasso. O processo agora é essencial para aqueles que procuram o sucesso.

Quando tudo vai por água abaixo

Vince McMahon inaugurou a liga XFL dez anos atrás. Futebol não é uma ideia nova, nem a TV. Foi preciso que Vince, o showman louco preferido dos EUA, aparecesse e iniciasse um projeto audacioso em torno da combinação de futebol americano, televisão e luta livre.

Um mês antes do primeiro jogo, o balão de observação da XFL caiu sobre um restaurante. Foi um mau agouro para toda a temporada. No cara e coroa do primeiro jogo (desculpe, mas, na verdade, eles não tiraram um cara e coroa; deixaram dois jogadores brigando pela bola), um dos jogadores saiu machucado.

Os jogos tendiam a cair no esquecimento, a cobertura das líderes de torcida e outras mulheres beirava a misoginia, e a violência desmotivava mesmo muitos dos que amavam futebol americano. Pior para a liga: ela mal era coberta nas páginas de esportes, e a audiência era tão baixa que o outro parceiro, a rede de televisão NBC, cancelou a cobertura depois de apenas um ano.

Um fracasso em todos os sentidos.

Desculpe-me por ser direto, mas "e daí"?

Se, com todo o medo, ansiedade, estagnação e tormento que sentimos ao começar alguma coisa, isso é o pior que acontecerá com você, então não é tão ruim assim.

Vince saiu dessa bem. A NBC também. No mínimo saíram à frente, se comparados àqueles que não tiveram coragem de começar.

A menos que haja uma postura na organização que abrace fracassos como o da XFL, é impossível lançar um projeto que funcione. É impossível ter uma política de apenas sucessos. Essa política, por si só, garante que não haverá sucessos.

E se você trabalhar para alguém que tenha a política de apenas sucessos? A escolha é de ter ou não a mesma política, adotá-la ou não como seu padrão pessoal para decisões, iniciar ou não.

Haverá outros empregos, melhores, chefes mais dispostos a criar crescimento. A única maneira de encontrar esses empregos e esses chefes, no entanto, é tendo um padrão pessoal que requeira fracassos, não um que garanta sucessos. Integridade intelectual vai além de inteligência: requer que você ponha suas ideias no mundo.

"Não era o que eu esperava encontrar"

É assim que você sabe se está ouvindo o relatório de um bom cientista. Ciência que vem com resultados que surpreendem o investigador provavelmente é válida, porque o caminho da simples confirmação ainda não apareceu.

Parte de iniciar é estar disposto a descobrir que aquilo que você encontra no final é diferente daquilo que você se preparou para achar. Se não estiver disposto a descobrir essa surpresa, não é surpreendente que você tenha medo de começar.

Começar não significa controlar. Significa iniciar. Administrar significa controlar, mas essa é uma habilidade totalmente diferente.

O que você poderia construir?

Tantas portas estão abertas; tanta capacidade está disponível. Se pudesse construir algo (e você pode), o que seria?

- ➔ Uma instituição
- ➔ Uma religião

- Uma ideia que se espalha
- Um relacionamento
- Uma reputação
- Dinheiro
- Uma prática
- Um emprego
- Arte
- Ferramentas
- Um legado
- Uma mudança que importa

Se a única razão para não iniciar uma busca por algum desses objetivos é que você tem medo de começar, talvez deva pensar com cuidado no que está em jogo. Você entendeu completamente o custo de não começar?

Mexendo no Twitter

É engraçado ver um colega usando o Facebook ou o Twitter pela primeira vez. Ele abre uma conta, diz algo bastante inócuo e vê o mundo mexer de volta.

Uau! Acabei de ter notícias da Lisa. Como ela me achou tão rápido?

Ei! Estou twitando de um avião e as pessoas estão twitando de volta!

Esse é um passatempo viciante. Você não assume riscos reais, toca o mundo e ele responde. Apenas repete.

Mas não é do começo que estou falando. Não é uma mexida real, um lançamento ou mudança real. É uma versão inócua, sem oportunidade de sucesso ou crescimento.

Se você não puder fracassar, não conta.

Iniciar é um ato intencional

Ninguém atende ao telefone por acidente. Não caímos em uma reunião por um erro, ou lemos um e-mail por acaso. A maior parte do que fazemos no trabalho fazemos intencionalmente, com preparação ou pelo menos um pouco de esforço.

Começar é assim.

Podemos marcar uma data. Quinta-feira, 3 de Abril, 15h5... começar alguma coisa.

Podemos treinar, planejar, anunciar e até contratar alguém para isso. Se começar é tão essencial para as organizações modernas quanto parece, é melhor fazermos tudo isso e mais.

Não é raro ouvirmos alguém dizer que está ali para nos ajudar a planejar, analisar, revisar ou até consertar. Regularmente contratamos pessoas para otimizar, sincronizar e organizar.

Então, por que não investir em começar?

Quando a escola proíbe o ato de começar

Não está no currículo, está?

Quanto tempo gastamos desafiando nossos filhos a começar?

Do time de futebol que proíbe o zagueiro de dar nomes às suas próprias jogadas, à banda do colégio que lê música em vez de tocar solos, até as atividades extracurriculares programadas.

Eu, muitas vezes, encorajo crianças a começar seus próprios clubinhos, organizar suas próprias atividades. Elas nunca fazem isso. Elas dizem que não deve ser assim.

Surpreende que ensinemos essa mentalidade? Fábricas e gerentes não querem coragem, nem mesmo inovação. Eles geralmente procuram obediência.

Contamos com os poucos desobedientes para a inovação, mas hoje a inovação é nossa única escolha.

O custo alto de planejar com atraso

Quando você está atrasado, não há muito espaço para escolha, decisão ou iniciativa. Quando você está atrasado, o caminho está bem iluminado, as escolhas estão claras. Corra! Corra pelo caminho que já percorreu.

O atraso é uma ferramenta para pessoas incapazes de encontrar coragem para defender seus atos. O atraso nos dá cobertura, ele permite que cambaleemos para a frente, sem criatividade ou estilo. "Você não está vendo que estou atrasado?", gritamos enquanto fazemos o que temos de fazer, sem sequer parar para pensar no que poderíamos fazer em vez daquilo.

O atraso pode ser útil, a não ser pelo fato de que possui um custo incrivelmente alto. Essa estratégia, a que escolhemos para evitar o medo da escolha, nos custa de diversas formas. Degrada a qualidade, cancela voos, cobra hora extra e desestimula aqueles à nossa volta. E também é exaustivo.

A alternativa para planejar com atraso é iniciar antes que isso seja requerido, é lançar antes do prazo final, pôr a ideia para fora antes da crise. Esse ato de coragem na verdade lhe dá influência, poder e controle de um jeito que planejar com atraso não pode dar.

Mente de dente-de-leão

Em 1998, Cory Doctorow e sua esposa tiveram uma menininha. Tornar-se pai deu a Cory a seguinte ideia (que pode simplesmente mudar sua vida):

Mamíferos investem muita energia em acompanhar a disposição de cada cópia de nossa descendência. É apenas a natureza, é claro: investimos tanta energia e tantos recursos em nossa prole que seria um desperdício chocante se ela vagasse por aí e caísse da varanda ou entrasse no triturador de lixo. Somos programados, como mamíferos, para ver esse tipo de infortúnio como uma tragédia moral, um enorme trauma para nossas psiques, tão profundo que alguns de nós nunca se recuperam.

Naturalmente, também damos grande importância à disposição individual de cada cópia de nosso trabalho artístico, atacando as críticas destinadas a ele e vendo-o, ainda que sem autorização, aparecer à venda na Amazon, e coçando o queixo diante do pensamento de o Google indexá-lo para busca. E, se ter um livro impresso não é nem de perto a mesma coisa que criar um bebê, não há como negar que cada cópia impressa é dinheiro gasto, e cada cópia vendida sem contar é dinheiro tirado de nós.

Há outros organismos com outras estratégias de reprodução. Veja o dente-de-leão: um só dente-de-leão pode produzir duas mil sementes por ano, indiscriminadamente atirando-as no ar com a mais fraca brisa, sem se importar para onde as sementes vão e se elas terão uma recepção hospitaleira quando tocarem o solo.

E, de fato, a maior parte desses milhares de sementes provavelmente cairá sobre a calçada dura, ficando ali ociosa e não cultivada: um fracasso na corrida genética para sobreviver e copiar.

Mas a disposição de cada uma — até da maioria — das sementes não é o importante do ponto de vista do dente-de-leão. O importante é que, a cada primavera, toda falha de calçada estará cheia de dentes-de-leão.

Esse é o objetivo, não é? Que cada espaço seja preenchido por suas ideias, inovações e criatividade. No entanto, a única maneira de atingir isso é estando preparado para que muitas delas falhem, aterrissem na calçada, parem de crescer para se tornar perfeitas.

Podemos chorar por nossos fracassos, mas isso nos levará a segurar nossa próxima ideia. Ou podemos celebrá-los, percebendo que são a prova de que estamos sendo promíscuos em nossos lançamentos, dando ao mundo o melhor trabalho que podemos, sem pensar se tal ideia em particular realmente funciona.

Qual foi a última vez que você se dispôs a ser promíscuo em seus fracassos?

Andar de bicicleta e ser adulto

Eu estava ajudando uma criança a aprender a andar de bicicleta. Ela me informou que não queria realmente aprender aquilo. Suas razões eram bem ponderadas: ela não morava perto de uma ciclovia, não tinha nenhum lugar para andar, aquilo sujava suas calças, nenhum dos seus amigos andava de bicicleta, e por aí vai.

Após um diálogo socrático, todavia, chegamos ao xis do problema: ela estava com medo de aprender.

Somos extremamente competentes em esconder nosso medo. A maior parte de nossas vidas públicas é gasta encobrindo, racionalizando ou negando nosso medo. Vamos à guerra porque temos medo, e muitas vezes vamos a eventos espirituais pela mesma razão.

Não somos crianças e isso não é uma bicicleta.

O objetivo deste manifesto não é extinguir magicamente seu medo. É prová-lo. Identificar o "medo de ir" é o primeiro passo para fazê-lo ir embora. Se você consegue abraçar a ideia de que seu sucesso e felicidade estão ligados à derrota do medo que o está segurando, você já percorreu 90% do caminho necessário, porque não somos crianças e isso não é uma bicicleta.

O que fazer com boas ideias

Você é uma *daquelas* pessoas?

Uma daquelas pessoas com excesso de boas ideias? Um dos colegas que tem o laptop cheio delas, ou fantasias para o futuro?

Você certamente já conheceu pessoas assim. Elas estão ocupadas demais tomando notas para fazer o que quer que seja, ocupadas inventando formas de instigar.

Para parar esse processo, são necessárias duas coisas:

Começar. E então...

Lançar.

Você não pode fazer a segunda se não fizer a primeira.

Paul é uma dessas pessoas. Ele carrega ideias por aí como um saco de pedras, uma proteção contra críticas e contra a culpa. "Ei, você não está vendo que tenho este laptop cheio de ideias? É claro que você não pode me responsabilizar por alcançar nada, tenho estado muito ocupado pensando na próxima coisa... Se aqueles idiotas do Grupo W me ouvissem, tudo ficaria bem."

Acho que o problema não tem nada a ver com os idiotas para quem ele trabalha, e tudo a ver com o medo de começar. Sua incessante criação de ideias lhe dá o prazer de ter uma ótima desculpa e, ao mesmo tempo, evitar a dor, a curto prazo, do fracasso.

Medo à esquerda, medo à direita

Alguns de nós hesitam enquanto deveriam estar começando. Nós nos seguramos, prometemos pesquisar mais, esperamos por um momento melhor, procuramos um público mais gentil.

Esse hábito é incrivelmente comum. Ele consome nossa genialidade e destrói nossa capacidade de dar contribuições. Chamo isso de "hipo-ir": quando estamos estagnados em começos de menos.

Surpreendentemente, o oposto também é válido.

Algumas pessoas lidam com o medo e se escondem fazendo outra coisa. Elas começam demais, sonhando com o próximo grande negócio, ainda maior. Elas podem abrir uma transportadora por zepelins na segunda, deixá-la pra lá por uma nova patente na quarta e, talvez, se não funcionar dentro de um ou dois dias, focar-se em um negócio de entrega de serviços de cartório no fim da semana.

Francis Scott Fitzgerald descreveu essa atitude com precisão por intermédio do personagem Jay Gatsby: "Qual seria a utilidade das grandes coisas se fosse mais agradável apenas dizer o que eu iria fazer?" É fácil se apaixonar pelo começo de uma ideia a ponto de nunca começá-la.

A pessoa que constantemente faz perguntas, interrompe, não para de anotar e está sempre diante de você não é simplesmente chata — ela está se autossabotando, é uma forma de se esconder. Essa mentalidade "hiper--ir" é tão segura quanto a mais frequente, de lançar de menos, porque, se você for o tipo de pessoa que está sempre sonhando e folheando, é claro que não pode ser responsabilizado por seu trabalho. Primeiro, porque você é louco; segundo, porque você está ocupado demais fazendo a coisa seguinte para ser responsabilizado pela anterior.

Não é bom ser gordo demais nem magro demais. Não é bom ter pressão alta demais ou baixa demais. É estando no meio, em consonância com o mercado e entendendo-o direito, que podemos produzir efetivamente.

Para cada pessoa que conheço que tem uma mentalidade "hiper-ir", conheço 99 que poderiam contribuir começando mais, mas que não fazem isso. Se você não está fazendo a diferença, tenho quase certeza de que é porque está com medo. E o medo pode se manifestar em qualquer ponta do espectro.

Não dói perguntar

Na verdade, dói. Dói perguntar do jeito errado, perguntar sem preparação, sem permissão. Dói porque você nunca terá outra chance de perguntar direito.

Se você encontrar com Elton John no jantar e perguntar: "Ei, Elton, você cantaria no casamento da minha filha?", isso prejudicará qualquer chance que você possa ter de uma interação com o cantor. Você acabou de treiná-lo a dizer "não", ensinou-lhe que você é egoísta e irrealista.

Se uma negociação aparece e você diz: "Por favor, pague-me duzentos mil dólares por este Porsche", você até pode fechar a venda. Mas eu duvido. É mais provável que você tenha afastado essa possibilidade, transformado sua permissão em uma parede de autoproteção.

Semana passada, recebi uma mensagem de um estranho: "Ouvi dizer que você vai a Los Angeles", começou ele, e então se convidou para passar meia hora nos bastidores do seminário em um dos dias em que eu o estava apresentando. Tenho confiança de que ele tinha boas intenções e entendeu que isso era quebrar as regras, tentar algo novo. Também estou quase certo de que sua falta de preparo e sua decisão de fazer a pergunta quando a resposta certamente é "não" são apenas trabalho do cérebro primitivo, induzindo-o a falhar, pois é mais fácil que ter sucesso. Que grande desculpa para não ter sucesso: ele perguntou e não chegou a lugar algum!

De vez em quando, é claro, perguntar do nada vale a pena. E daí? Até (e especialmente) pessoas que querem iniciar algo precisam ficar espertas quanto a prioridades e se isso será recompensador.

Em vez de propor a todos da lista de contato do seu e-mail, invista algum tempo e ganhe o direito de perguntar. Faça seu dever de casa. Construa conexões. Isso torna o risco muito maior para você, pois o investimento tomou mais de dois minutos do seu tempo. Iniciar quando você tem mais a perder muitas vezes é melhor que simplesmente lançar.

Administrando os impulsos

A melhor maneira de ganhar no jogo Jeopardy não tem nada a ver com preparação ou inteligência. Pessoas perdem nesse jogo porque não são boas em usar a campainha.

Toque-a cedo demais, e Alex não terá terminado de ler a questão. Buzine tarde demais, e outra pessoa terá respondido.

E por aí vai.

Todos conhecemos um colega estranho que é agressivo demais, seguro demais de que é hora de tocar a campainha e chato demais para terminar qualquer coisa.

E, em resposta, reagimos em excesso e fazemos muito pouco.

Como a maior parte das coisas que importam, começar é uma escolha astuta, não um processo em preto e branco. Se você não está causando o impacto de que é capaz, talvez seja hora de pensar melhor em como usar a campainha.

Mas como? Como ser melhor nisso?

Minha aposta é que seu problema atual é não a tocar o suficiente. A maioria das pessoas não faz isso. Nós nos seguramos. Queremos estar seguros.

Sim, há a minoria que toca demais. Se você é assim, provavelmente já percebeu.

Para mim, a solução parece simples. Toque mais. Veja o que acontece. Toque ainda mais. Repita. Quando aumenta sua disposição a tocar, você cruzará com o mercado, seu chefe, colegas e pessoas querendo comprar de você. O que acontece?

É claro que ideias que se espalham vencem, mas ideias que não são ditas sempre fracassam.

Medo da arrogância

A lição de Ícaro está marcada em todos nós, mesmo aqueles que não se lembram da mitologia grega. Os deuses ficam zangados com aqueles que ousam voar, e a pena é incrivelmente severa.

Na Austrália, há uma gíria especial para isso — é o problema da flor alta demais. Não se levante e se destaque ou você será cortado.

Somos treinados a nos adequar, não a nos destacar, e a maneira mais fácil de nos adequarmos é nunca iniciar. Não verbalize. Se vir algo, não diga nada.

Na verdade, passamos a maior parte dos nossos dias esperando permissão para começar. E é por isso que publiquei este livro.

Se você conhece alguém que precisa de permissão, pense no mentor, treinador ou amigo que lhe deu isso. Alguém está lhe dando permissão. Alguém, talvez indiretamente, contratou-o, financiou-o, treinou-o, encorajou-o — tudo isso para que você visse algo que precisasse ser feito e o fizesse.

Isso não é arrogância. Isso é essencial.

E se todos fizerem isso? E se todos se pronunciarem, perceberem coisas, começarem coisas, acreditarem na algazarra?

Bem, então você terá um novo problema, não é? Na verdade, você terá todo um conjunto de novos problemas.

Você terá o problema de escolher que grandes novas ideias valem a pena ser levadas a cabo e quais, na verdade, não são tão boas.

E você terá o problema de lançar as melhores ideias que estão nascendo.

Ambos são bons problemas, e nenhum deles tem nada a ver com chatear os deuses ou cair do céu.

Começar como modo de vida

A inovação é um mistério. A inspiração é bastante imprevisível. Mas é óbvio que, com todos os sucessos que vemos no mercado, nós podemos alcançá-las.

Uma vez que o hábito estiver sedimentado e você se tornar um iniciador, o centro do círculo, você encontrará mais e mais coisas para perceber, instigar e iniciar. O momento certo é construído, e você fica melhor em gerá-lo. Se for dormir sabendo que as pessoas esperam que você inicie coisas no dia seguinte, acordará com uma lista. E, quando você criar uma cultura de pessoas que estão sempre procurando se conectar, melhorar e mexer, o nível aumenta.

O que pode ser considerado uma questão de diretoria, em um de seus concorrentes é feito como algo simples. O que foi reservado a uma intervenção da gerência às vezes pode ser resolvido pelos próprios clientes, economizando seu tempo e dinheiro (e gerando alegria para seus clientes).

Essa ideia incrivelmente prosaica, o simplíssimo ato de iniciar, é, na verdade, profundamente transformador.

O impulso para a frente é uma digna vantagem nos negócios.

Segurança

O dia das bruxas não é seguro. Algo ruim pode acontecer. Na verdade, mais cedo ou mais tarde, vai acontecer.

Lançar não é seguro. Nós dois sabemos uma dezena, uma centena ou milhares de maneiras de uma pessoa zangada causar estragos.

Vender não é seguro. Você pode ser (e de fato será) rejeitado.

Jogar golfe não é seguro. Meu avô morreu jogando golfe.

Verbalizar não é seguro. As pessoas podem se ofender.

A inovação não é segura. Você fracassará. Feio, talvez.

Agora que passamos por isso, o que você vai fazer? Esconder-se? Encolher-se num canto e dar o máximo para se adequar?

Isso também não é seguro.

É melhor fazer algo que importe.

Sinal verde

Se você adquirir o hábito de lançar coisas, de fazer a diferença e de quebrar as regras, nós teremos o prazer de aproveitar os frutos da sua coragem.

Se você não começar, se voltar à sua concha, se recuar de medo diante dessa extraordinária oportunidade (e obrigação), então pode me culpar. Eu claramente não fiz um bom trabalho convencendo-o e desafiando-o a fazer uma tarefa de que é capaz, um trabalho que importa.

Você não pode perder.

Vai!

Há dois erros que alguém pode cometer no caminho para a verdade. Não completar o caminho e não começar."

Siddhartha Gautama

Agradecimentos

Obrigado a Dan Slater por quebrar as regras. A Ishita Gupta, Lisa Di Mona, Lisa Gansky, Jacqueline Novograts, Viccky Griffith, Russ Grandinetti, Sarah Tomashek, Terry Goodman e Jeff Bezos por me instigar. Obrigado também a Catherine E. Oliver e Red Maxwell. A Helena, Alex & Mo. E obrigado à talentosa e inteligente comunidade editorial que apoia autores e suas ideias — gigantes como Adiran Zackheim, Michael Cader, Stuart Krichevsky, Pam Dorman, Wendy Bronfin, Megan Casey, livreiros independentes e qualquer um que tenha pagado por este livro. Paul Robinson, Martha Cleary, Corey Brown, Gil to the Rescue e Jonathan Hull ajudaram com a tecnologia. Parabéns aos autores que estão no topo de suas conquistas, dando muito mais do que recebem, incluindo Neil Gaiman, Kevin Kelly, Susan Piver, Pema Chodron, Zig Ziglar, Tom Peters, Max Barry, Cory Doctorow, Steve Pressfield, Kurt Andersen e Elizabeth Gilbert. Obrigado a Max Fraunfelder e Xeni Jardin por mexerem todos os dias e a todos que têm um blog e gostam de provocar, no bom sentido.

Este livro é dedicado à memória de minha mãe. As pessoas que puderam conhecê-la entenderão.

Sobre o Projeto Domino

Livros que valem a pena ser comprados são livros que valem a pena ser compartilhados. Esperamos que você encontre alguém para dar esta cópia. Você pode saber mais sobre o que estamos falando em http://www.TheDominoProject.com.

Aqui estão três maneiras de espalhar as ideias deste manifesto:

Organize um grupo de discussão no seu escritório. Faça as pessoas lerem este livro e discuti-lo. O quanto sua empresa está aberta à inovação e ao fracasso? O que você fará se seus concorrentes ficarem melhores que você?

Distribua cópias. Muitas. Quando todos em um grupo leem a mesma coisa, as conversas fluem de forma diferente.

Escreva os nomes de alguns dos seus parceiros dentro do livro (ou cole um *post-it* no seu *e-book*). Quando todos lerem o livro, peça para riscarem o nome e adicionarem o de outra pessoa.

O homem apressado é um arquétipo que foi descoberto nos hieróglifos do Egito antigo. Ele é você, o experimentador empolgado e otimista que entende que o risco é malcompreendido e que o impulso para a frente é a chave do sucesso.

Esperamos que você compartilhe.

Obrigado por ler.

Produção

Adriana Torres

Ana Carla Sousa

Produção editorial

Frederico Hartje

Revisão

Luana M. Machado

Rodrigo Ferreira

Diagramação

Celina Faria

Este livro foi impresso no Rio de Janeiro, em janeiro de 2012,
pela Edigráfica, para a Agir Editora.
A fonte usada no miolo é Iowan Old Style, corpo 10,5/14,5.
O papel do miolo é chambril avena 70g/m², e o da capa é cartão 250g/m².
Visite nosso site: www.novafronteira.com.br